最新版　スウェーデンへ

ストックホルムと小さな街散歩

田中　桜

はじめに

北欧スウェーデンの首都ストックホルムは、程よいサイズ感のとても居心地が良い街。

絵本の中の世界観が広がる中世ヨーロッパの面影とおしゃれなお店がひしめく都会のすぐ隣には、緑豊かな公園や白鳥が水遊びをする穏やかな湖が広がります。少し足をのばせば、針葉樹の森と、伝統的な赤褐色の家々が軒を連ねるかわいらしい田舎町も。

この本では、私が大切な人を連れていきたいおすすめスポットはもちろん、北欧ヴィンテージの掘り出しものに出会うためのとっておき情報や、人生を楽しむことが上手なスウェーデン人の考え方や文化、おいしいお菓子レシピも紹介しています。

澄んだ空気に青い空、おいしい水、葉っぱの隙間から燦々と降り注ぐ太陽の光、小鳥のさえずりが響く森……。旅の合間に、開放的でのんびりとしたスウェーデンならではの静かな時間、目を閉じて自然に身を委ねる極上の贅沢タイムもぜひ味わってほしいです。

旅路で出会うもの、経験すること、五感で感じるすべてに想いを深めていくと、きっと楽しいを超えた、ずっと記憶に残り続ける旅になると思います。

旅の予定が決まっている人にも、旅気分を味わいたい人にも捧げたいこの本。出発前、旅の途中、そして旅が終わってからも、みなさまにそっと寄り添える存在となりますように。

それでは、心をリラックスさせるスウェーデンの旅、存分にお楽しみください。

Contents

※本書掲載のデータは2024年5月現在のものです。店舗の移転、閉店、価格改定などにより実際と異なる場合があります。
※日照時間の変動が大きいため、店舗などの営業時間、定休日は夏季と冬季で異なる場合があります。郊外の町の小さい店舗ではとくに休みや営業時間が不規則な場合があります。「無休」と記載している店舗でも、年末年始など一部の祝祭日は休業する場合があります。
※本誌掲載の電話番号はすべて現地の電話番号です。スウェーデンの国番号は「46」です。日本からの国際電話は、「46」の後に本書各ページに記載している電話番号の頭の「0」を除いてかけてください。

SWEDEN

FINLAND

NORWAY

Dalarna
ダーラナ地方
P.136

Stockholm
ストックホルム
P.15

Göteborg
ヨーテボリ

Gotland
ゴットランド島
P.124

DENMARK

Malmö
マルメ

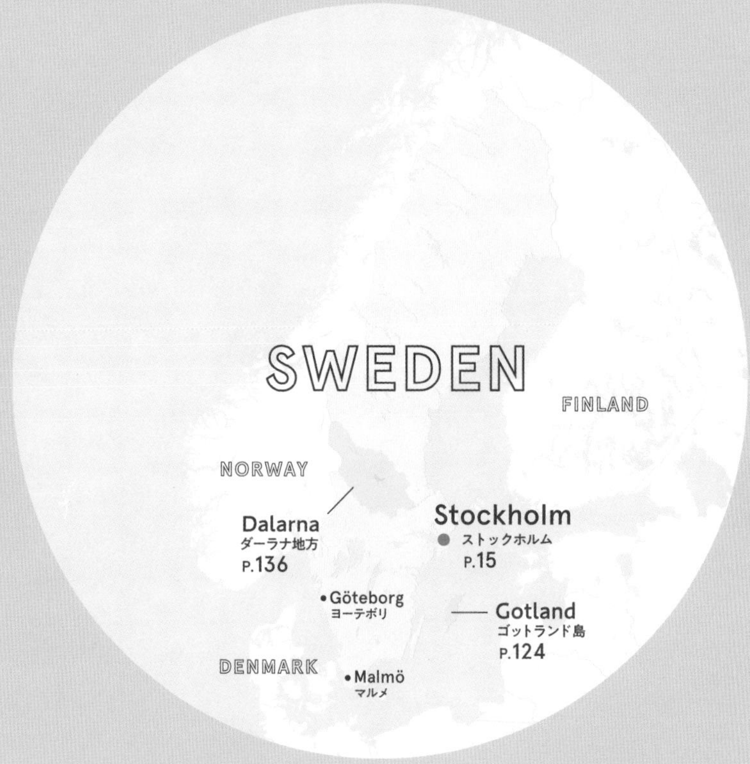

正式国名	**スウェーデン王国** **Konungariket Sverige**（スウェーデン語）/**Kingdom of Sweden**（英語）
面積	**約45万㎢**（日本の約1.2倍）
人口	**約1,060万人**（2023年時点）
首都	**ストックホルム**（Stockholm）
言語	**スウェーデン語、サーメ語、フィンランド語**など （多くの国民が英語を話す）
宗教	**プロテスタント**（福音ルーテル派が多数）
政治体制	**立憲君主制**
通貨	**スウェーデン・クローナ**（本書内ではKrで表記） 1クローナ＝約14.65円（2024年5月現在）
国旗	**海や湖の青地に黄金の王冠や輝く太陽を象徴した黄色い十字**
日本との時差	**日本時間からマイナス8時間**（サマータイムの間はマイナス7時間） ※サマータイム：3月最終日曜午前2時から10月最終日曜午前3時まで

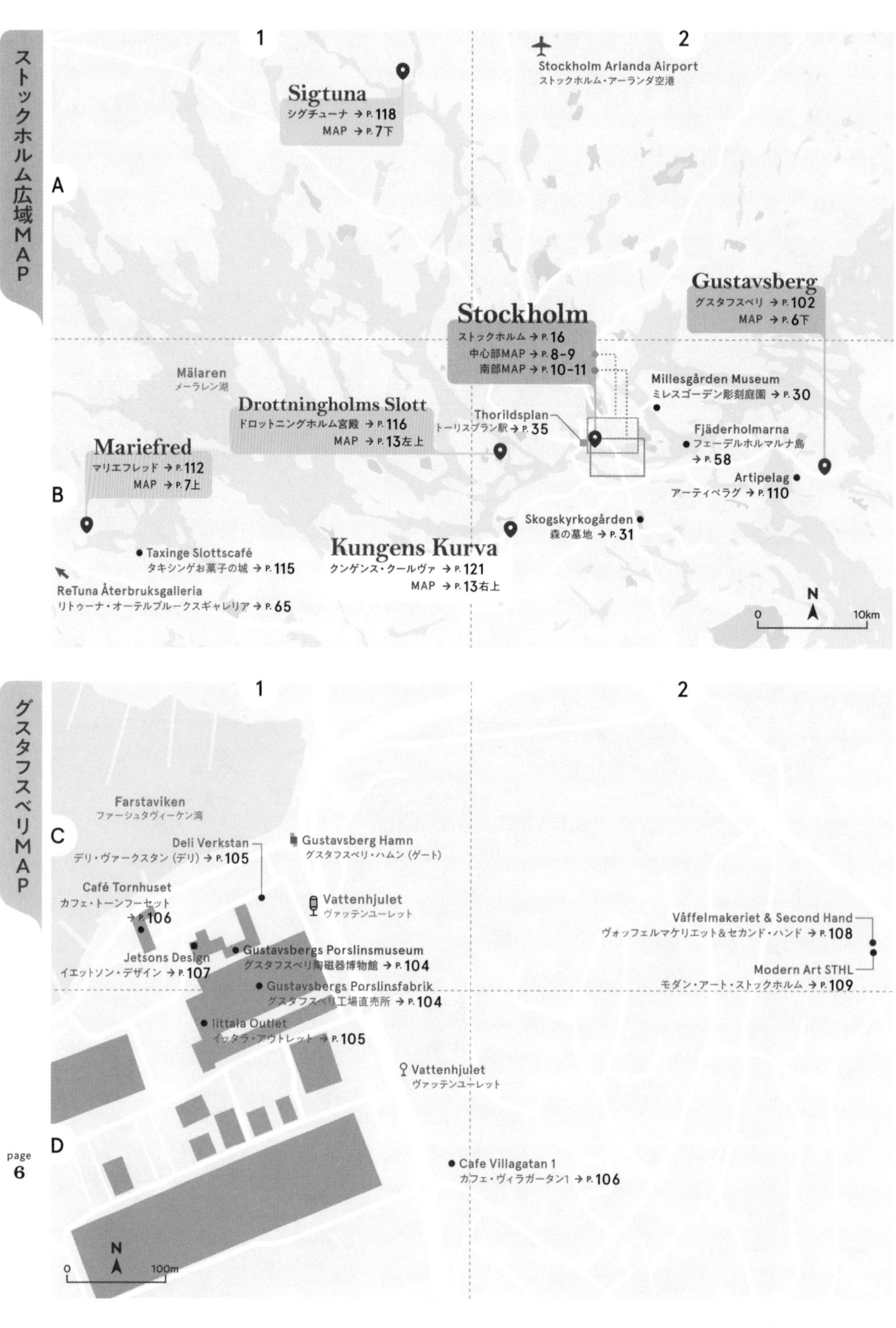

都市名 ● 本書紹介物件（美術館・博物館など / 屋外美術館・島など / ショップ / カフェ / レストラン） ランドマーク バス停 船乗り場

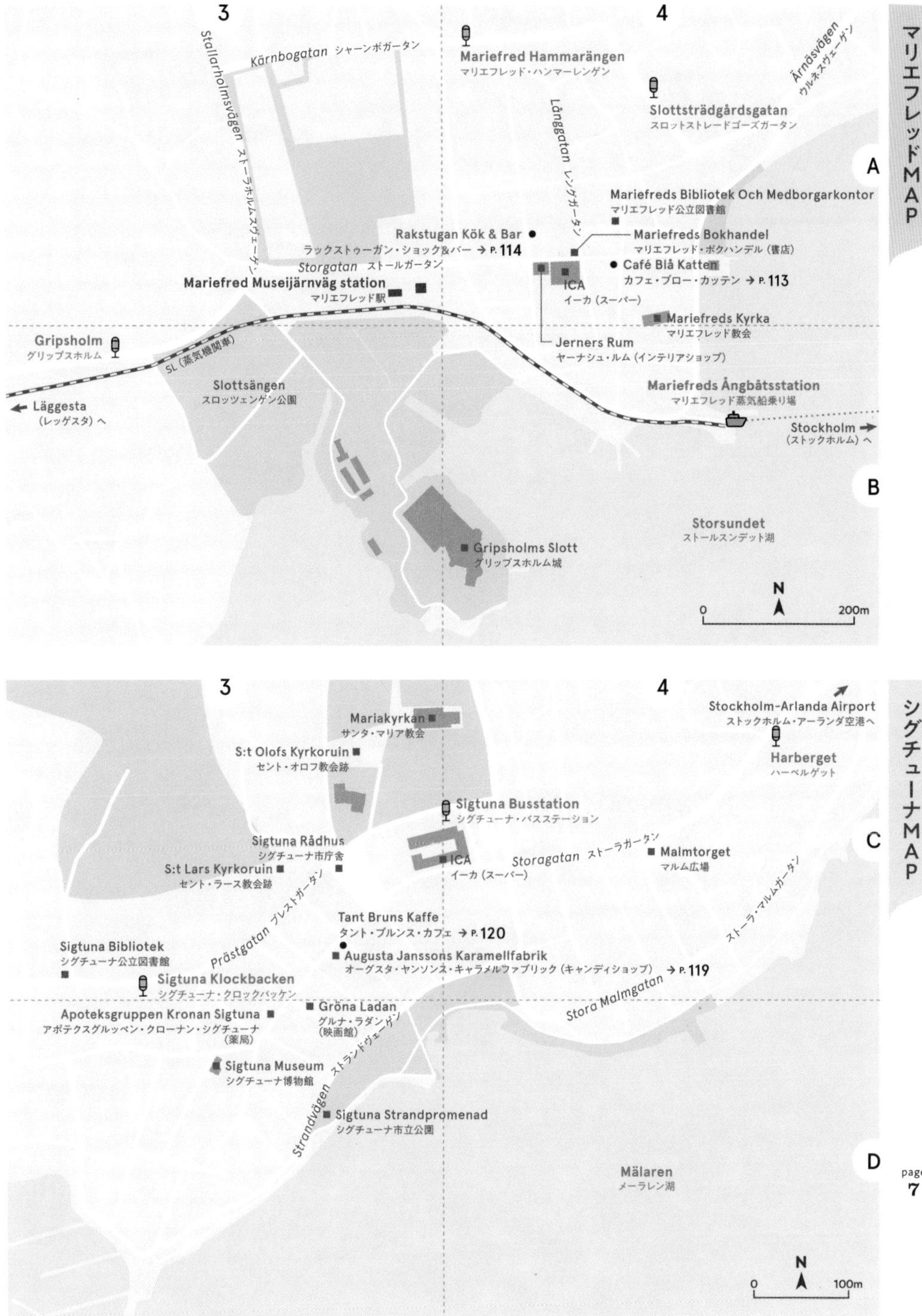
マリエフレッドMAP
3
4
A
B
Kärnbogatan シャーンボガータン
Stallarholmsvägen ストーラホルムスヴェーゲン
Mariefred Hammarängen
マリエフレッド・ハンマーレンゲン
Långgatan レンガガータン
Slottsträdgårdsgatan
スロットストレードゴーズガータン
Ärnäsvägen ウルネスヴェーゲン
Mariefreds Bibliotek Och Medborgarkontor
マリエフレッド公立図書館
Rakstugan Kök & Bar
ラックストゥーガン・ショック&バー → P. 114
Mariefreds Bokhandel
マリエフレッド・ボクハンデル（書店）
Café Blå Katten
カフェ・ブロー・カッテン → P. 113
Storgatan ストールガータン
Mariefred Museijärnväg station
マリエフレッド駅
ICA
イーカ（スーパー）
Mariefreds Kyrka
マリエフレッド教会
Gripsholm
グリップスホルム
SL（蒸気機関車）
Jerners Rum
ヤーナシュ・ルム（インテリアショップ）
Slottsängen
スロッツェンゲン公園
Mariefreds Ångbåtsstation
マリエフレッド蒸気船乗り場
Läggesta
（レッゲスタ）へ
Stockholm
（ストックホルム）へ
Storsundet
ストールスンデット湖
Gripsholms Slott
グリップスホルム城
N
0
200m
シグチューナMAP
3
4
C
D
Mariakyrkan
サンタ・マリア教会
Stockholm-Arlanda Airport
ストックホルム・アーランダ空港へ
Harberget
ハーベルゲット
S:t Olofs Kyrkoruin
セント・オロフ教会跡
Sigtuna Busstation
シグチューナ・バスステーション
Sigtuna Rådhus
シグチューナ市庁舎
S:t Lars Kyrkoruin
セント・ラース教会跡
ICA
イーカ（スーパー）
Storagatan ストーラガータン
Malmtorget
マルム広場
Prästgatan プレストガータン
Tant Bruns Kaffe
タント・ブルンス・カフェ → P. 120
Augusta Janssons Karamellfabrik
オーグスタ・ヤンソンス・キャラメルファブリック（キャンディショップ） → P. 119
ストーラ・マルムガータン
Sigtuna Bibliotek
シグチューナ公立図書館
Sigtuna Klockbacken
シグチューナ・クロックバッケン
Stora Malmgatan
Apoteksgruppen Kronan Sigtuna
アポテクスグルッペン・クローナン・シグチューナ
（薬局）
Gröna Ladan
グルナ・ラダン
（映画館）
Strandvägen ストランドヴェーゲン
Sigtuna Museum
シグチューナ博物館
Sigtuna Strandpromenad
シグチューナ市立公園
Mälaren
メーラレン湖
N
0
100m

鉄道

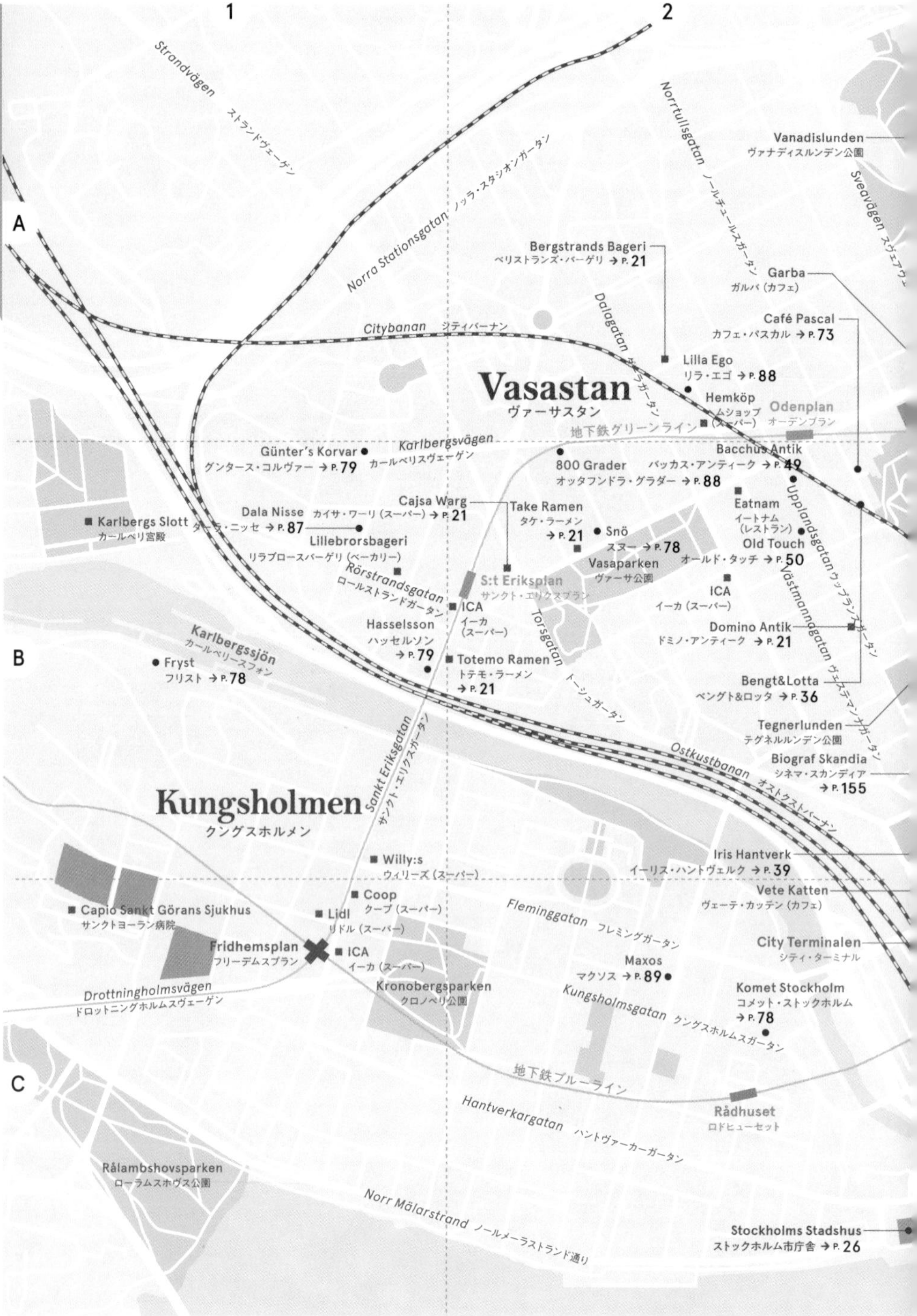

1
2
A
B
C

Vasastan
ヴァーサスタン

Kungsholmen
クングスホルメン

Strandvägen ストランドヴェーゲン
Norra Stationsgatan ノッラ・スタシオンガータン
Norrtullsgatan ノールチュールスガータン
Sveavägen スヴェアヴ…
Citybanan シティバーナン
Dalagatan ダーラガータン
Karlbergsvägen カールベリスヴェーゲン
地下鉄グリーンライン
Rörstrandsgatan ロールストランドガータン
Torsgatan トーシュガータン
Upplandsgatan ウップランズガータン
Västmannagatan ヴェストマンナガータン
Karlbergssjön カールベリースフォン
Ostkustbanan オストクストバーナン
Sankt Eriksgatan サンクト・エリクスガータン
Fleminggatan フレミングガータン
Drottningholmsvägen ドロットニングホルムスヴェーゲン
Kungsholmsgatan クングスホルムスガータン
地下鉄ブルーライン
Hantverkargatan ハントヴァーカーガータン
Norr Mälarstrand ノールメーラストランド通り

Vanadislunden ヴァナディスルンデン公園
Bergstrands Bageri ベリストランズ・バーゲリ → P. 21
Garba ガルバ（カフェ）
Café Pascal カフェ・パスカル → P. 73
Lilla Ego リラ・エゴ → P. 88
Hemköp ヘムショップ（スーパー）
Odenplan オーデンプラン
Günter's Korvar グンタース・コルヴァー → P. 79
800 Grader オッタフンドラ・グラダー → P. 88
Bacchus Antik バッカス・アンティーク → P. 49
Eatnam イートナム（レストラン）
Old Touch オールド・タッチ → P. 50
Karlbergs Slott カールベリ宮殿
Dala Nisse ダーラ・ニッセ → P. 87
Cajsa Warg カイサ・ワーリ（スーパー）→ P. 21
Take Ramen タケ・ラーメン → P. 21
Snö スヌー → P. 78
Lillebrorsbageri リラブロースバーゲリ（ベーカリー）
Vasaparken ヴァーサ公園
S:t Eriksplan サンクト・エリクスプラン
ICA イーカ（スーパー）
ICA イーカ（スーパー）
Hasselsson ハッセルソン → P. 79
Domino Antik ドミノ・アンティーク → P. 21
Fryst フリスト → P. 78
Totemo Ramen トテモ・ラーメン → P. 21
Bengt&Lotta ベングト&ロッタ → P. 36
Tegnerlunden テグネルルンデン公園
Biograf Skandia シネマ・スカンディア → P. 155
Willy:s ウィリーズ（スーパー）
Iris Hantverk イーリス・ハントヴェルク → P. 39
Vete Katten ヴェーテ・カッテン（カフェ）
Coop クープ（スーパー）
Capio Sankt Görans Sjukhus サンクトヨーラン病院
Lidl リドル（スーパー）
Fridhemsplan フリーデムスプラン
ICA イーカ（スーパー）
City Terminalen シティ・ターミナル
Maxos マクソス → P. 89
Kronobergsparken クロノベリ公園
Komet Stockholm コメット・ストックホルム → P. 78
Rådhuset ロドヒューセット
Rålambshovsparken ローラムスホヴス公園
Stockholms Stadshus ストックホルム市庁舎 → P. 26

● 本書紹介物件（美術館・博物館など / ショップ / カフェ / レストラン / ホテル / バー） ■ ランドマーク 船乗り場 トラム駅 鉄道

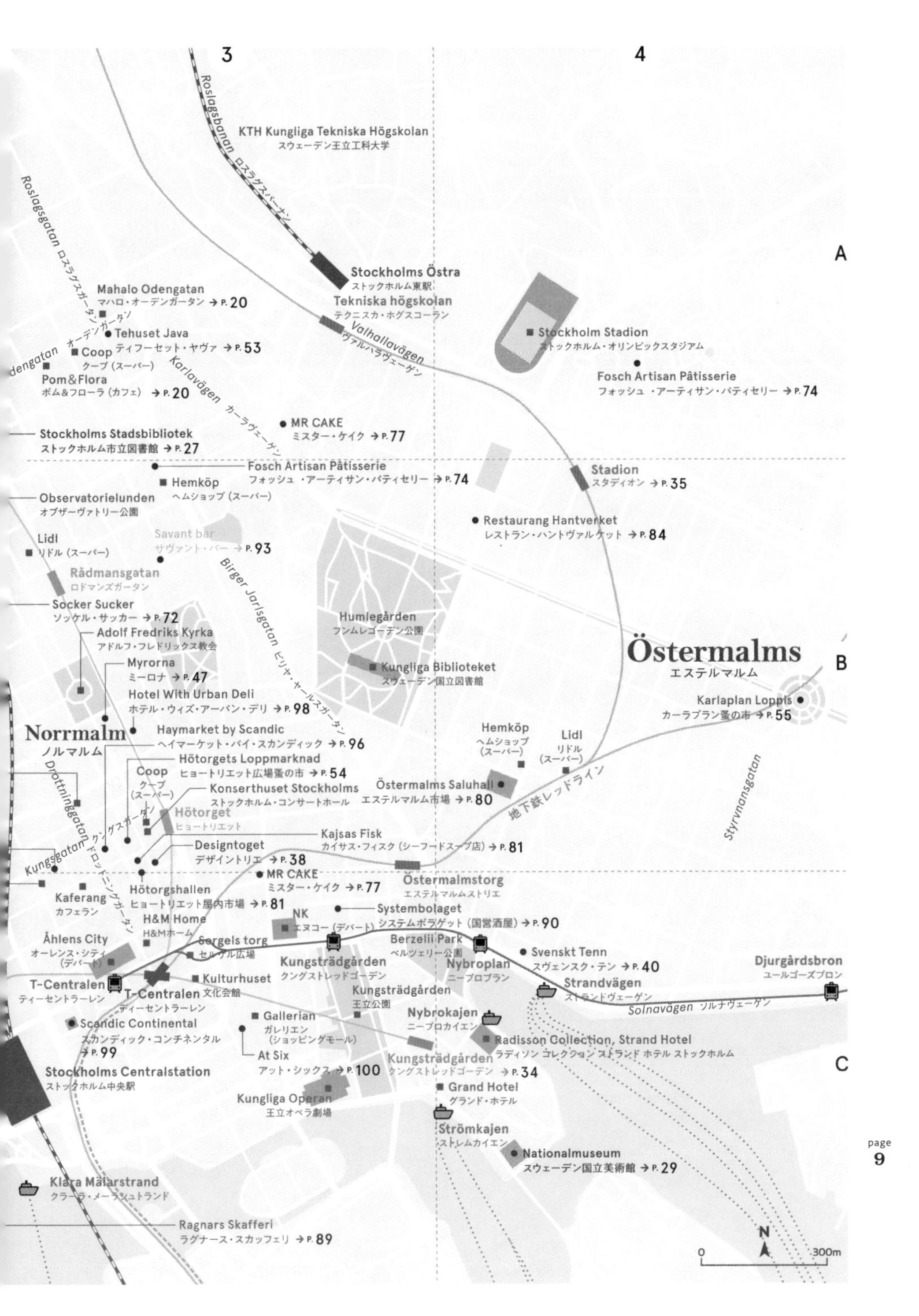

3
4
A
B
C
Roslagsbanan ロスラグスバーナン
KTH Kungliga Tekniska Högskolan
スウェーデン王立工科大学
Roslagsgatan ロスラグスガータン
Stockholms Östra
ストックホルム東駅
Tekniska högskolan
テクニスカ・ホグスコーラン
Mahalo Odengatan
マハロ・オーデンガータン → P. 20
Odengatan オーデンガータン
Tehuset Java
ティフーセット・ヤヴァ → P. 53
Coop
クープ（スーパー）
Pom&Flora
ポム&フローラ（カフェ） → P. 20
Valhallavägen
ヴァルハラヴェーゲン
Stockholm Stadion
ストックホルム・オリンピックスタジアム
Fosch Artisan Pâtisserie
フォッシュ・アーティサン・パティセリー → P. 74
Karlavägen カーラヴェーゲン
MR CAKE
ミスター・ケイク → P. 77
Stockholms Stadsbibliotek
ストックホルム市立図書館 → P. 27
Fosch Artisan Pâtisserie
フォッシュ・アーティサン・パティセリー → P. 74
Hemköp
ヘムショップ（スーパー）
Stadion
スタディオン → P. 35
Observatorielunden
オブザーヴァトリー公園
Restaurang Hantverket
レストラン・ハントヴァルケット → P. 84
Lidl
リドル（スーパー）
Savant bar
サヴァント・バー → P. 93
Birger Jarlsgatan ビリヤ・ヤールスガータン
Rådmansgatan
ロドマンズガータン
Socker Sucker
ソッケル・サッカー → P. 72
Adolf Fredriks Kyrka
アドルフ・フレドリックス教会
Humlegården
フンムレゴーデン公園
Östermalms
エステルマルム
Myrorna
ミーロナ → P. 47
Kungliga Biblioteket
スウェーデン国立図書館
Hotel With Urban Deli
ホテル・ウィズ・アーバン・デリ → P. 98
Karlaplan Loppis
カーラプラン蚤の市 → P. 55
Norrmalm
ノルマルム
Haymarket by Scandic
ヘイマーケット・バイ・スカンディック → P. 96
Hemköp
ヘムショップ（スーパー）
Lidl
リドル（スーパー）
Hötorgets Loppmarknad
ヒョートリエット広場蚤の市 → P. 54
Drottninggatan ドロットニングガータン
Coop
クープ（スーパー）
Konserthuset Stockholms
ストックホルム・コンサートホール
Östermalms Saluhall
エステルマルム市場 → P. 80
地下鉄レッドライン
Styrvmansgatan
Hötorget
ヒョートリエット
Kungsgatan クングスガータン
Kajsas Fisk
カイサス・フィスク（シーフードスープ店） → P. 81
Designtoget
デザイントリエ → P. 38
MR CAKE
ミスター・ケイク → P. 77
Östermalmstorg
エステルマルムストリエ
Kaferang
カフェラン
Hötorgshallen
ヒョートリエット屋内市場 → P. 81
Systembolaget
システムボラゲット（国営酒屋） → P. 90
H&M Home
H&Mホーム
NK
エヌコー（デパート）
Åhlens City
オーレンス・シティ（デパート）
Sergels torg
セルゲル広場
Berzelii Park
ベルツェリー公園
Svenskt Tenn
スヴェンスク・テン → P. 40
Djurgårdsbron
ユールゴーズブロン
Kungsträdgården
クングストレッドゴーデン
Nybroplan
ニーブロプラン
T-Centralen
ティーセントラーレン
T-Centralen
ティーセントラーレン
Kulturhuset
文化会館
Strandvägen
ストランドヴェーゲン
Kungsträdgården
王立公園
Solnavägen ソルナヴェーゲン
Scandic Continental
スカンディック・コンチネンタル → P. 99
Gallerian
ガレリエン（ショッピングモール）
Nybrokajen
ニーブロカイエン
Radisson Collection, Strand Hotel
ラディソン コレクション ストランド ホテル ストックホルム
At Six
アット・シックス → P. 100
Kungsträdgården
クングストレッドゴーデン → P. 34
Stockholms Centralstation
ストックホルム中央駅
Grand Hotel
グランド・ホテル
Kungliga Operan
王立オペラ劇場
Strömkajen
ストレムカイエン
Nationalmuseum
スウェーデン国立美術館 → P. 29
Klara Mälarstrand
クラーラ・メーラシュトランド
Ragnars Skafferi
ラグナース・スカッフェリ → P. 89
N
0
300m
地下鉄ブルーライン
地下鉄レッドライン
地下鉄グリーンライン
トラム

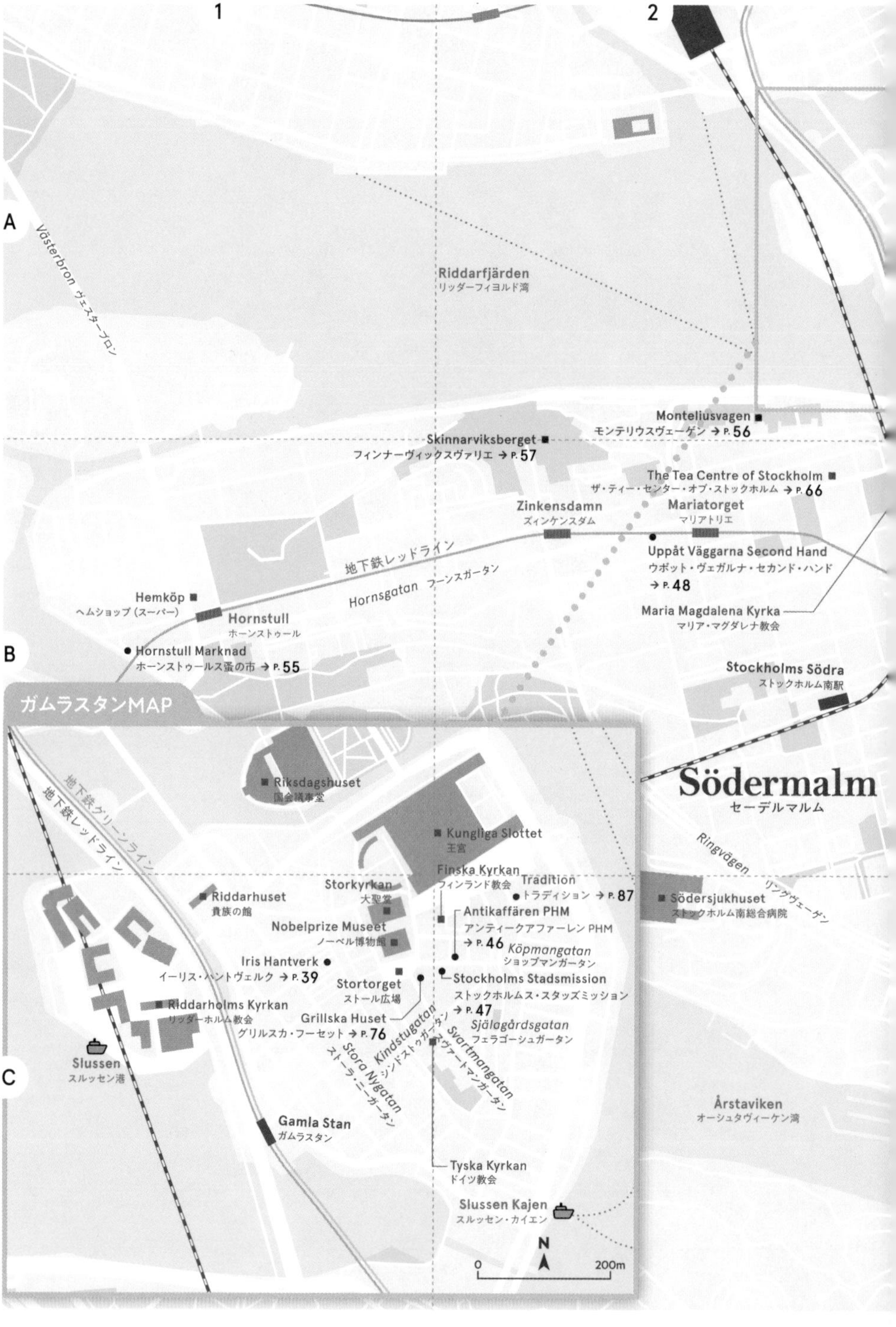

1
2
A
B
C

Västerbron ヴェスターブロン

Riddarfjärden
リッダーフィヨルド湾

Monteliusvagen
モンテリウスヴェーゲン → P. 56

Skinnarviksberget
フィンナーヴィックスヴァリエ → P. 57

The Tea Centre of Stockholm
ザ・ティー・センター・オブ・ストックホルム → P. 66

Zinkensdamn
ズィンケンスダム

Mariatorget
マリアトリエ

Uppåt Väggarna Second Hand
ウポット・ヴェガルナ・セカンド・ハンド
→ P. 48

Maria Magdalena Kyrka
マリア・マグダレナ教会

地下鉄レッドライン

Hornsgatan フーンスガータン

Hemköp
ヘムショップ（スーパー）

Hornstull
ホーンストゥール

Hornstull Marknad
ホーンストゥールス蚤の市 → P. 55

Stockholms Södra
ストックホルム南駅

Södermalm
セーデルマルム

Ringvägen リングヴェーゲン

Södersjukhuset
ストックホルム南総合病院

Årstaviken
オーシュタヴィーケン湾

ガムラスタンMAP

地下鉄グリーンライン
地下鉄レッドライン

Riksdagshuset
国会議事堂

Kungliga Slottet
王宮

Finska Kyrkan
フィンランド教会

Tradition
トラディション → P. 87

Storkyrkan
大聖堂

Riddarhuset
貴族の館

Antikaffären PHM
アンティークアファーレン PHM
→ P. 46

Nobelprize Museet
ノーベル博物館

Köpmangatan
ショップマンガータン

Iris Hantverk
イーリス・ハントヴェルク → P. 39

Stortorget
ストール広場

Stockholms Stadsmission
ストックホルムス・スタッズミッション
→ P. 47

Riddarholms Kyrkan
リッダーホルム教会

Grillska Huset
グリルスカ・フーセット → P. 76

Själagårdsgatan
フェラゴーシュガータン

Kindstugatan
シンドストゥガータン

Svartmangatan
スヴァートマンガータン

Stora Nygatan
ストーラ・ニーガータン

Slussen
スルッセン港

Gamla Stan
ガムラスタン

Tyska Kyrkan
ドイツ教会

Slussen Kajen
スルッセン・カイエン

N
0 200m

● 本書紹介物件（美術館・博物館など / 屋外美術館・島など / ショップ / カフェ / レストラン / ホテル / バー） ■ ランドマーク バス停 船乗り場

ユールゴーデン島MAP
3
4
A
B
C
トラム
Nordiska Museet
北方民族博物館
Vasamuseet
ヴァーサ号博物館
Skeppsholmsbron
シェップスホルメン橋
The Viking Museum
バイキング博物館
Moderna Museet
ストックホルム近代美術館
Skeppsholmen
シェップスホルメン
ABBA The Museum
ABBA博物館
Allmänna Gränd
アルメンナ・グレンド
Skansen Butiken
スカンセン・ブティーケン → P.33
Rosendals Slott
ローゼンダル宮殿
Skansen
スカンセン → P.32
Rosendals Trädgård
ローゼンダールス・トレッドゴード（カフェ）
Djurgården
ユールゴーデン島
Bellmansro
ベルマンスロー
Skansen
スカンセン
Skroten Cafe & Skeppshandel
スクローテン・カフェ＆フェップスハンデル
Waldemarsudde
ヴァルデマーシュッデ
N
0
1km
Slussen
スルッセン
Slussen Bus Terminal
スルッセン・バスターミナル
Omnipollos Hatt
オムニポロス・ハット → P.92
Wood Stockholm
ウッド・ストックホルム → P.86
Fotografiska
フォトグラフィスカ写真美術館 → P.28
Götgatan
Katarina Kyrka
カタリーナ教会
Stadsgården, Tegelvikshamn
スタッズゴーデン、テーゲルヴィックスハムン
Sopköket
ソップシューケット → P.65
Lidl
リドル
（スーパー）
ヨータガータン
Retro.etc
レトロ・エトセトラ → P.52
Södermannagatan
Meatballs For The People
ミートボールズ・フォー・ザ・ピープル → P.86
Medborgarplatsen
メドボリヤープラッツェン
Esteriör
エステリオール → P.41
Lykke Nytorget
リッケ・ニードリエ → P.77
POP Stockholm
ピーオーピー・ストックホルム → P.51
Kaferang
カフェラン
Sofia Församling
ソフィア教会
Café Pascal
カフェ・パスカル
→ P.73
Nytorget
ニートリエ広場
Grandpa
グランパ → P.53
Älskade Traditioner
エルスカデ・トラディショネル → P.75
Willy:s
ウィリーズ（スーパー）
Modern Retro
モダン・レトロ → P.51
セーデルマンナガータン
SoFo
ソーフォー
Skanstull
スカンストゥール
Teatern
テアーテン → P.94
Hemköp
ヘムショップ（スーパー）
地下鉄グリーンライン
Luma
ルマ
Coop
クープ
（スーパー）
Sickla Kaj
シックラ・カイ
Hammarby Allé ハンマルビー・アレー
トラム
Biz Apartment Hammarby Sjöstad
ビズ・アパートメント・ハンマルビー・ショースタッド → P.100
Lidl
リドル（スーパー）
N
0
300m
トラム駅
鉄道
地下鉄レッドライン
地下鉄グリーンライン
トラム

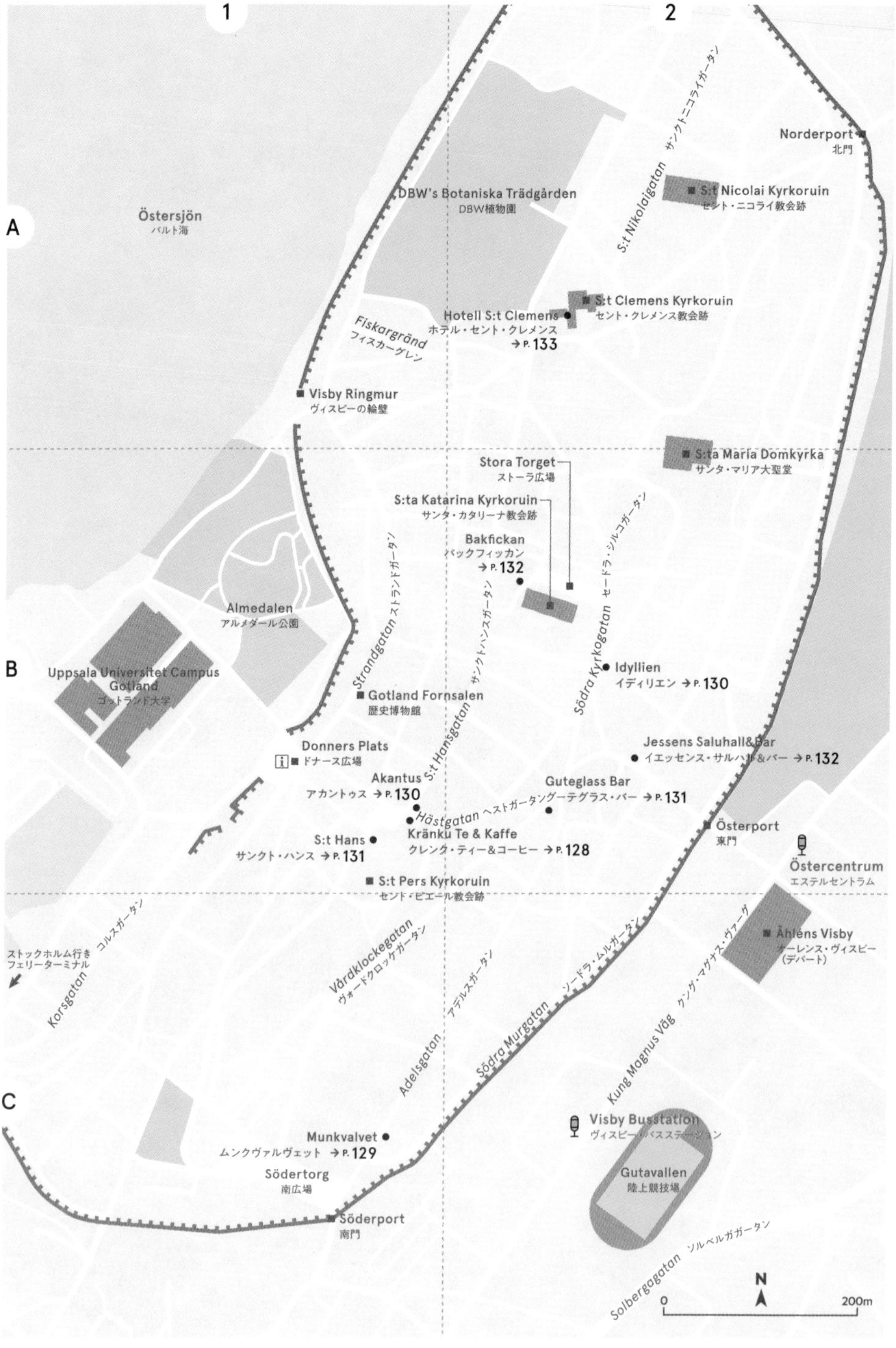

1
2
A
B
C

Östersjön
バルト海

DBW's Botaniska Trädgården
DBW植物園

S:t Nikolaigatan サンクトニコライガータン

Norderport
北門

S:t Nicolai Kyrkoruin
セント・ニコライ教会跡

S:t Clemens Kyrkoruin
セント・クレメンス教会跡

Hotell S:t Clemens
ホテル・セント・クレメンス
→P. 133

Fiskargränd
フィスカーグレン

Visby Ringmur
ヴィスビーの輪壁

Stora Torget
ストーラ広場

S:ta Maria Domkyrka
サンタ・マリア大聖堂

S:ta Katarina Kyrkoruin
サンタ・カタリーナ教会跡

Bakfickan
バックフィッカン
→P. 132

Strandgatan ストランドガータン
S:t Hansgatan サンクトハンスガータン
Södra Kyrkogatan セードラ・シルコガータン

Almedalen
アルメダール公園

Uppsala Universitet Campus Gotland
ゴットランド大学

Idyllien
イディリエン →P. 130

Gotland Fornsalen
歴史博物館

Jessens Saluhall&Bar
イエッセンス・サルハル&バー →P. 132

Donners Plats
ドナース広場

Akantus
アカントゥス →P. 130

Guteglass Bar
グーテグラス・バー →P. 131

Hästgatan ヘストガータン

Kränku Te & Kaffe
クレンク・ティー&コーヒー →P. 128

S:t Hans
サンクト・ハンス →P. 131

Österport
東門

Östercentrum
エステルセントラム

S:t Pers Kyrkoruin
セント・ピエール教会跡

Åhléns Visby
オーレンス・ヴィスビー
(デパート)

ストックホルム行き
フェリーターミナル

Korsgatan コルスガータン
Vårdklockegatan ヴォードクロックゲガータン
Adelsgatan アデルスガータン
Södra Murgatan ソードラ・ムルガータン
Kung Magnus Väg クング・マグナス・ヴァーグ

Visby Busstation
ヴィスビー・バスステーション

Munkvalvet
ムンクヴァルヴェット →P. 129

Södertorg
南広場

Gutavallen
陸上競技場

Söderport
南門

Solbergagatan ソルベルガガータン

N
0
200m

都市名 ● 本書紹介物件（美術館・博物館など / ショップ / カフェ / レストラン / ホテル） ■ ランドマーク バス停 鉄道

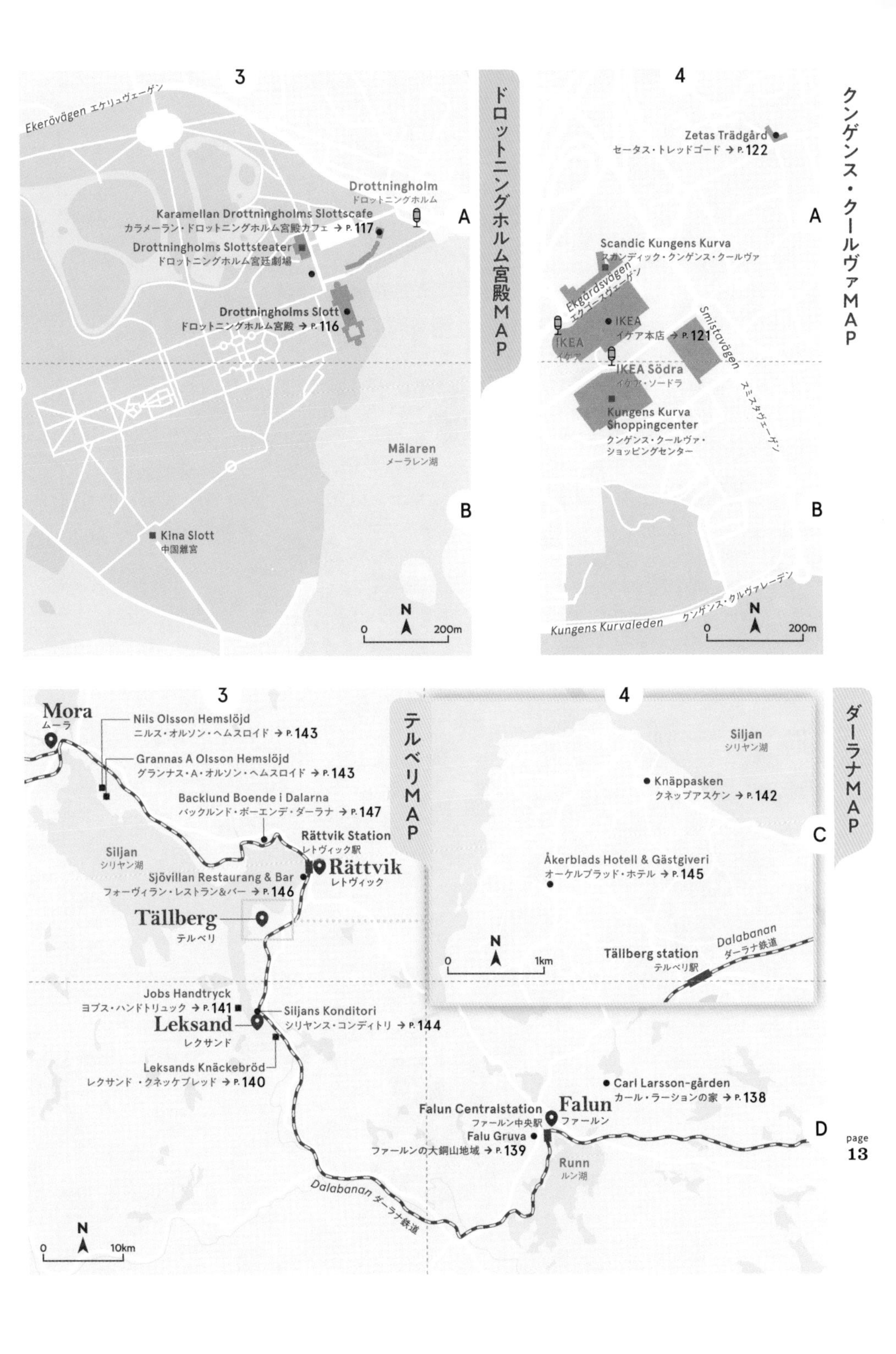

ドロットニングホルム宮殿MAP
3
Ekerövägen エケリュヴェーゲン
Drottningholm
ドロットニングホルム
Karamellan Drottningholms Slottscafe
カラメーラン・ドロットニングホルム宮殿カフェ → P.117
Drottningholms Slottsteater
ドロットニングホルム宮廷劇場
Drottningholms Slott
ドロットニングホルム宮殿 → P.116
Mälaren
メーラレン湖
Kina Slott
中国離宮
A
B
N
0 200m
クンゲンス・クールヴァMAP
4
Zetas Trädgård
セータス・トレッドゴード → P.122
Scandic Kungens Kurva
スカンディック・クンゲンス・クールヴァ
Ekgårdsvägen
エクゴースヴェーゲン
IKEA
イケア本店 → P.121
IKEA
イケア
Smistavägen
スミスタヴェーゲン
IKEA Södra
イケア・ソードラ
Kungens Kurva Shoppingcenter
クンゲンス・クールヴァ・ショッピングセンター
Kungens Kurvaleden
クンゲンス・クルヴァレーデン
A
B
N
0 200m
ダーラナMAP
3
Mora
ムーラ
Nils Olsson Hemslöjd
ニルス・オルソン・ヘムスロイド → P.143
Grannas A Olsson Hemslöjd
グランナス・A・オルソン・ヘムスロイド → P.143
Backlund Boende i Dalarna
バックルンド・ボーエンデ・ダーラナ → P.147
Rättvik Station
レトヴィック駅
Rättvik
レトヴィック
Siljan
シリヤン湖
Sjövillan Restaurang & Bar
フォーヴィラン・レストラン&バー → P.146
Tällberg
テルベリ
Jobs Handtryck
ヨブス・ハンドトリュック → P.141
Leksand
レクサンド
Siljans Konditori
シリヤンス・コンディトリ → P.144
Leksands Knäckebröd
レクサンド・クネッケブレッド → P.140
Dalabanan ダーラナ鉄道
N
0 10km
テルベリMAP
4
Siljan
シリヤン湖
Knäppasken
クネップアスケン → P.142
Åkerblads Hotell & Gästgiveri
オーケルブラッド・ホテル → P.145
N
0 1km
Tällberg station
テルベリ駅
Dalabanan
ダーラナ鉄道
C
Carl Larsson-gården
カール・ラーションの家 → P.138
Falun Centralstation
ファールン中央駅
Falun
ファールン
Falu Gruva
ファールンの大銅山地域 → P.139
Runn
ルン湖
D

スウェーデンの歴史

古代スウェーデンと建国

一万年前に氷河期が終わり氷が解けはじめた頃、サーメ人を含む先住民がスウェーデンに住むようになりました。何千年もの間、彼らは狩猟採集民であり、西暦1世紀にはローマ帝国と商品の交換をしていました。

スウェーデンという名前は、西暦500年頃に勢力を持っていたスヴェア族に由来します。スウェーデン人は自分たちの土地をスヴェリエ（「スヴェアの土地」の意味）と呼びます。のちに「ノルマン人」と呼ばれる彼らは北ヨーロッパの海岸に沿って襲撃を開始。バイキングとして知られるようになり、10世紀頃に国家を形成します。12世紀半ばにはキリスト教が普及し、北方十字軍を編成してフィンランドに進出。13世紀には首都ストックホルムが建設されました。

1397年にデンマーク、ノルウェー、スウェーデンの3か国によって結ばれた「カルマル同盟」によりデンマークの支配下となりますが、1523年に離脱し「スウェーデン王国」が成立。グスタフ1世はルター派を採用し、プロテスタント国家となります。

バルト帝国と北方&ナポレオン戦争

1618年にドイツで三十年戦争がはじまると、1630年にスウェーデンも参戦し北ドイツの要所を獲得。この頃から鉄や銅の輸出で国力を充実させ、軍備を整えます。17世紀前半にはグスタフ2世アドルフ王のもと絶対王政を作り上げ、三十年戦争後「バルト帝国」と言われるヨーロッパの強国となりました。

1700年、警戒を強めたデンマーク、ポーランド、ロシアなど周辺国との大北方戦争が勃発。1709年のポルタヴァの戦いでロシアに大敗して終結すると、急速に大国の地位を退きます。1809年の「フレドリックスハムン条約」により、それまで支配していたフィンランドをロシアへ譲渡。1814年のナポレオン戦争では、イギリスとフランスについて戦勝国とはなったものの、フィンランドを取り戻すことはできませんでした。

1866年二院制の議会制をとり民主化へと進んだのは、ダイナマイトの発明で知られる発明家アルフレッド・ノーベルが活躍した時代。彼の死後、1901年よりノーベル賞の授賞式がはじまりました。

中立の立場を貫き、高度な社会福祉国家へ

ナポレオン戦争後、約200年にわたり軍事非同盟を維持するスウェーデンは、第1次と第2次世界大戦でいずれも厳正な中立を守り戦争に加わりませんでした。そして、社会民主主義の政策を継続し、高度な社会福祉国家となりました。

外交では1995年にEU（欧州連合）に加盟するものの、通貨にユーロは使用せず、現在も独自の通貨クローナを使用しています。国防に力を入れ、2008年までは徴兵制がありました。一旦廃止となるものの、2017年には小規模で復活しています。

2021年には、初の女性首相が誕生。2024年には32か国目のNATO加盟国となりました。

王宮前にある、スウェーデン=ノルウェー連合王国の国王、カール・ヨハン14世像。

ストックホルム街歩き

Promenera i Stockholm

Stock

森と湖、自然と都会が溶け合う街

holm

ストックホルム

スウェーデン本土の南東に位置する首都ストックホルムは、「北のヴェニス」と表現されることもある北欧でいちばん大きな美しい水の都。東はバルト海、西はメーラレン湖に面しており、14の島とそれらをつなぐたくさんの橋から成り立っているさまは、まるでぷかぷかと水に浮いているよう。北欧最大とはいえ、面積は東京23区よりも小さく、人口は千葉市と同じくらいの97万人ほどとコンパクトです。そんなストックホルムでは、森や湖などの自然と近代的な都会がうまく調和し、人と生き物が仲良く共存しています。

STOCKHOLM

Vasastan
Östermalm
Norrmalm
Kungsholmen
Gamla Stan
Skeppsholmen
Djurgården
Södermalm

個性的な7つの地区

ストックホルムの中心部は、大きく7つに分けることができます。中心にあるのが、ストックホルム発祥の地、ガムラスタン。その北は中央駅もあるにぎやかなノルマルム地区※。さらに北へ行くと、閑静な住宅街が広がるヴァーサスタン地区。西のクングスホルメン地区には、市庁舎前の湖沿いに大きな公園まで続く散歩道があります。北東は高級住宅街や華やかなブティックが建ち並ぶエステルマルム地区、南はアーティストやクリエイターも多く住むセーデルマルム地区。東のユールゴーデン島には、人気の高い博物館や美術館が数多く集まっています。

街の散策には、地下鉄やバスをうまく利用するとスムーズ。一定エリア内の料金は距離に関係なく同一価格で、最初の75分以内は乗り放題（P.167参照）。主要バスに乗って、街なかをぐるりと見わたしてから、気になる場所で降りてお散歩しながら観光するのもおすすめです。

※正式にはノルマルム地区にシェプスホルメン島も含みますが、ここでは分けて説明しています

にぎやかな商業エリア

Norrmalm

ノルマルム地区

ストックホルムの繁華街。地下鉄中央駅前のセルゲル広場の横には、デパート、レストランやカフェ、ショップがひしめく目抜き通り、ドロットニングガータンが南北にのびています。ノーベル賞の授賞式が行われるコンサートホールや蚤の市で知られるヒョートリエット広場、ローカルの憩いの場である王立公園もあります。

王立公園と高級老舗デパートに挟まれたセルゲル広場までつながるハムンガータン。

石畳の旧市街地

Gamla Stan

ガムラスタン

歴史ある古い街並みがそのままに残るストックホルムの観光名所で、宮崎駿監督のアニメーション映画『魔女の宅急便』の舞台とも言われています。一歩足を踏み入れると、中世の面影そのままの古めかしい建物に囲まれ、時代を遡るような感覚に。石畳の路地をあえて地図を持たずにぐるぐると迷いながら歩いてほしい場所です。

冬季に開催されるクリスマスマーケットは北欧らしさ満載。

緑豊かな住宅エリア

Vasastan

ヴァーサスタン地区

古くからの老舗レストランやアンティークショップが並ぶ「骨董通り」に加え、新しいカフェやお店も数多いエリア。2017年開通の郊外へ続くコミュータートレインでより便利に。建築家グンナール・アスプルンド（P.164）設計の市立図書館があるのもこの地区。ピクニック先で人気のヴァーサ公園もあります。

グスタフ・ヴァーサ教会のすぐ横にあるオーデンプラン駅。

高級感漂うエリア

Östermalm

エステルマルム地区

中央駅の北東に広がる高級住宅街。高級ブランドのブティックやバー、クラブ、レストランなどが建ち並び、重厚な歴史ある建物も魅力的なエリアです。ストックホルムの台所、エステルマルム市場（P.80）はぜひ訪れてほしい場所。北欧ならではのトナカイやヘラジカの肉、種類豊富な魚介やチーズなど、新鮮な食材が楽しめます。

レンガ造りの趣のある建物は、屋内高級市場。

静かな憩いのエリア

Kungsholmen

クングスホルメン地区

ノーベル賞受賞式が行われる市庁舎前には、湖畔を散歩できる遊歩道。そこからつながる大きな公園ローラムスホヴス公園（Rålambshovsparken）、通称「ローリス」には、子どもの遊び場やピクニックに最適な大きな芝生の広場、ビーチにつながる小径などがあり、市民の憩いのエリアとなっています。

南は湖、北は地下鉄駅に面した公園ローリスを中心に緑地帯が続く。

トレンドの発信地

Södermalm

セーデルマルム地区

通称「セーデル（南）」は、若者やクリエイターにも人気エリア。クリエイティブでおしゃれなお店やギャラリーがひしめくトレンドの発信地、SoFo（P.24）があるのもこの場所です。レトロな雑貨屋さんやカフェ、ヴィンテージショップなどもたくさん。高台から見えるストックホルムの絶景スポット（P.56）も見逃せません。

夏場は日光浴を楽しむ人でにぎわうニートリエットの古い家の前。

ミュージアムが充実したアートの島

Djurgården & Skeppsholmen

ユールゴーデン島&シェップスホルメン島※

中心街から徒歩で行けるユールゴールデン島は、都会にいることを忘れるほど季節を問わず自然が美しく散策を楽しめる島。野外博物館スカンセン、北方民族博物館、ABBA博物館など人気の博物館や美術館が集まっています。そこから船で5分のシェップスホルメン島は、近代美術館や東洋博物館がある、静かで穏やかな島です。

※シェップスホルメン島は、正式にはノルマルム地区

天気の良い日には船を眺めながらの散策するのも気持ちいい。

＼ ローカル気分が味わえる ／

Vasastan（ヴァーサスタン）のお散歩プラン

最寄り駅

地下鉄グリーンラインのオーデンプラン駅、
サンクト・エリクスプラン駅、
レッドラインのテクニスカホグスコーラン駅

PLAN

9:00~10:00
朝ごはんが大人気の「**ポム＆フローラ**（Pom＆Flora）」、または「**マハロ・オーデンガータン**（Mahalo Odengatan）」でヘルシーな朝食を。

10:15~10:45
「**ティフーセット・ヤヴァ**」（P.53）で紅茶や雑貨を楽しんで。おみやげ探しにも最適！

11:00~11:30
「**ストックホルム市立図書館**」（P.27）でアスプルンドのデザイン建築に見入る。

11:45~12:15
「**ストックホルムス・スタッズミッション**」（P.47）で、古くてかわいいもの探し。

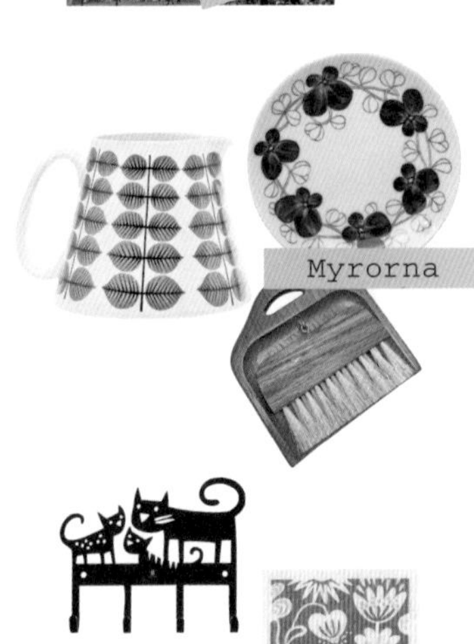

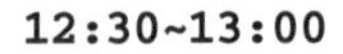

12:30~13:00
「**ミーロナ**」（P.47）で、セカンドハンドの掘り出し物を見つける。

13:00~14:00
混み合う時間を避けて「**カフェ・パスカル**」（P.73）で少し遅めのランチ。

14:00~14:30
「**ベングト＆ロッタ**」（P.36）　でロッタさんとのおしゃべりを楽しみつつ、素敵なおみやげ探し。

Bengt&Lotta

14:45~15:30
骨董通り（ウップランズガータン）の「**バッカ**

ヴァーサスタン地区はオーデンガータン（Odengatan）を中心に、のんびりとお散歩しながら半日～1日どっぷり街歩きを楽しめます。私がスウェーデンへ来て一番はじめに住んだこともあり、思い入れのある大好きなエリア。とっておきのおすすめルートをご紹介します！

Bacchus Antik

ス・アンティーク」（P.49）や「**オールド・タッチ**」（P.50）、「**ドミノ・アンティーク**（Domino Antik）」などで北欧ヴィンテージを堪能。

Old Touch

DOMINO ANTIK

15:45~16:30
公園前にある「**スヌー**」（P.78）でアイスクリームを買って、ヴァーサ公園の芝生の上やベンチでゆっくりピクニック。

16:30~
もう少しショッピングを楽しみたい時は、オーデンガータン沿いにあるおしゃれなこども服「**ミニ・ロディーニ**（Mini Rodini）」や高級食材を扱う「**カイサ・ワーリ**（Cajsa Warg）」、アンティークショップなどで。

骨董通りにあるドミノ・アンティークも要チェック。

日本人の舌にも合う、とんこつラーメン160Kr～。

夕方以降
そろそろ小腹が空いてくる頃。夕食を軽く済ませたい時は、「**グンタース・コルヴァー**」（P.79）のホットドッグや、「**ハッセルソン**」(P.79)のフィッシュ＆チップを。ホテル用のおやつには、おいしい焼き菓子が並ぶ「**リラブロース・バーゲリ**（Lillebrorsbageri）」や「**ベリストランズ・バーゲリ**(Bergstrands Bageri)」のペストリーを。日本食が恋しくなったら、公園前にある「**タケ・ラーメン**（Take Ramen）」か「**トテモ・ラーメン**（Totemo Ramen）」はいかが？ スウェーデンらしいピザなら「**オッタフンドラ・グラダー**」（P.88）、少し優雅なディナーには「**リラ・エゴ**」（P.88）でワインを飲みつつ優雅に食事を堪能するのも素敵です。

栗の木の下にベンチが置かれた小さな三角形の憩いの広場。

ガムラスタンで
『魔女の宅急便』の世界に迷い込む

Gamla Stan

迷子になりそうな細く
てくねった石畳の道。

地下鉄中央駅（T-セントラーレン）の隣駅、歩いて15～20分ほどに位置するGamla（古い）Stan（町）は、13世紀につくられたストックホルム発祥の地。でこぼこした石畳に曲がりくねった細い路地など、ヨーロッパのなかでも、とりわけ大きくて保存状態の良い中世の街並みがここにはあります。一歩足を踏み入れた途端、ジブリ映画『魔女の宅急便』の世界に入りこんだような感覚に陥り、見上げたら趣のある建物の隙間をキキがほうきに乗って飛んでいそう。

ガムラスタンには、荘厳なストックホルム大聖堂、美しい教会、そして600部屋以上を持つ、世界最大級の王宮があります。タイミングが良ければ、王宮の中庭で兵士のパレードや衛兵交代を見られるかも。真んなかにあるのは、ストックホルム最古とされる広場、ストール広場。噴水のある広場を囲むように、レストランやカフェ、ノーベル賞受賞者に関する展示や晩餐会で使用される食器の展示もあるノーベル博物館が並びます。

©Eoghan OLionnain from Ireland

どこを切り取っても絵になる風景。地図はあえて見ないで、おとぎ話の世界に浸って彷徨ってみるのもおすすめです。ガイドブックには載っていないような、素敵なお店に出会えるかもしれません。

1. 現国王の執務室が置かれる王宮。王族の豪華な部屋の見学ツアーも開催されている。**2.** 夏季は中庭で行われる衛兵交代やパレードが見学できる。**3.** ノーベル賞晩餐会で出されたアイスも食べられるノーベル博物館。**4.** ストール広場。冬季はクリスマスマーケットが催される。

South of Folkungagatan

SoFo

レトロでおしゃれな SoFoを散策

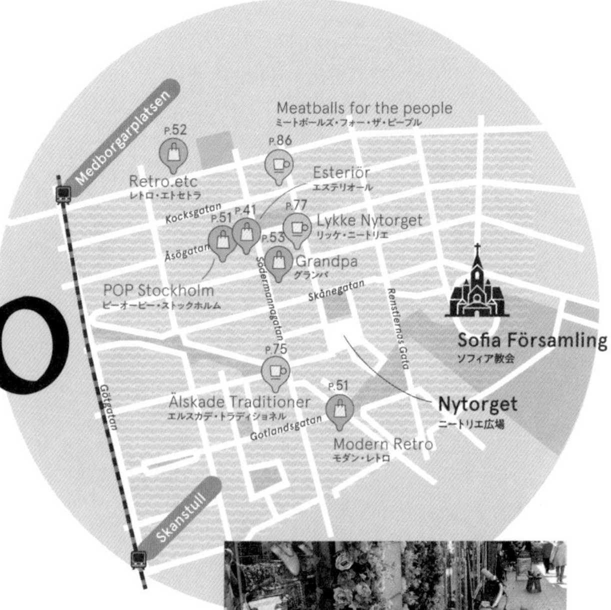

1.キッチュで個性的な雑貨が並ぶ「コックテイル(Coctail)」。2.カフェやショップが建ち並ぶセーデルマンナガータン。3.レトロなアンティークショップも点在している。

「SoFo」とは、“South of Folkungagatan”の略。地下鉄メドボリヤプラッツェン駅を軸に、フォルクンガガータンとスカンスチュール駅に続くヨートガータンの間を、弧を描くように広がっています。N.Y.のSOHOのように、トレンドの発信地となるようなおしゃれなショップやカフェ、レストランがひしめいています。

店員さんがレトロな衣装に身を包んでキャラメルを作る生キャラメルのお店や、シナモンロールとコーヒーの香り漂うカフェ、最先端のデザイン・インテリア雑貨や、古くてかわいいものが詰まったレトロショップも 。目的を決めずにぶらぶらと歩くだけでも、新しいものから古いものまで、次から次へと楽しいお店があらわれます。少し疲れたら、カフェでおやつやサンドイッチを買って、公園のベンチに座ってフィーカするのもおすすめです。

sofo-stockholm.se

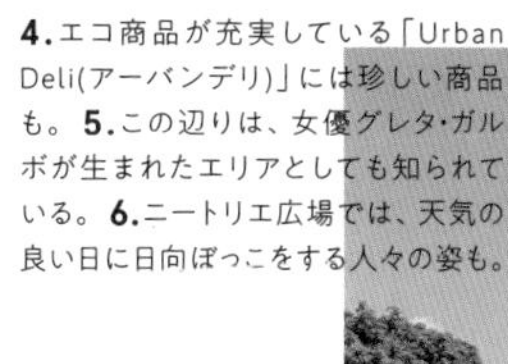

4. エコ商品が充実している「Urban Deli(アーバンデリ)」には珍しい商品も。 **5.** この辺りは、女優グレタ・ガルボが生まれたエリアとしても知られている。 **6.** ニートリエ広場では、天気の良い日に日向ぼっこをする人々の姿も。

Kungsholmen
クングスホルメン

Stockholms Stadshus

市庁舎

ストックホルム市庁舎

1,800万枚以上の金箔のモザイクが施された豪華な黄金の間。

ノーベル賞晩餐会会場の名建築

　ストックホルム中央駅から徒歩5分ほどの市庁舎は、メーラレン湖を望むようにして佇むストックホルムのシンボル的存在。1911～1923年の間に建築されたレンガ造りの建物の内部には、ノーベル賞授賞式の晩餐会の会場「ブルーホール」や、舞踏会会場「ゴールデンホール」、バイキングのロングハウスを参考にした梁の天井が特徴的な市議会議事堂などがあり、ガイドツアーで見学可能です。夏季（5～9月）は高さ106mの塔からストックホルムを360度一望できます。時間がない場合は、外部からの見学と併せてメーラレン湖畔の散歩がおすすめ。ローラムスホヴス公園まで続く散歩道では、地元の人がジョギングや犬の散歩をしていたりと、平和な空気が流れています。

1. 夏場はたくさんの観光客でにぎわう。
2. イタリアのルネッサンス様式からインスピレーションを受けたという市庁舎の外観。 **3.** 中庭のアーチの先にはメーラレン湖が広がる。

Hantverkargatan 1
08 508 290 00
stadshuset.stockholm
8:00～20:00（10～5月は18:00）
◎英語ガイドツアー（約45分）:毎日
10:00～14:00の1時間ごと（季節変動あり）
入館料:大人150 Kr
MAP P. 8 C-2

Vasastan
ヴァーサスタン

Stockholms Stadsbibliotek

図書館

ストックホルム市立図書館

思わず息を呑むほどに美しい3層になった「知識の壁」。©chibicode

360度の本に囲まれる

ヴァーサスタン地区のメイン通りオーデンガータン沿いにそびえ立つ、建築家グンナール・アスプルンド（P.154）によって設計されたオレンジ色の建物が市立図書館。厳かな門の先にある薄暗い階段をのぼると、やわらかな自然光が入る吹き抜けのエントランスホールと、360度ぐるりと本に囲まれた圧巻の大パノラマが広がります。

一周まわると次の階へとつながる造り。美術館のような建築デザインを楽しんだ後には、閲覧室で気になる本を眺めたり、雰囲気を味わいながら旅の計画を立てる時間にするのもいいですね。キッズコーナーにはスウェーデンでも人気の漫画や日本語の絵本も置かれています。

1. 正面入り口は、スヴェアヴェーゲン側の階段を上がった先。 **2.** キッズコーナーの天井はプラネタリウムがデザインされている。 **3.** 絵本のキャラクターが描かれた部屋は読み聞かせなどをする場所。

Sveavägen 73
08 508 309 00
biblioteket.stockholm.se
10:00～20:00（土･日曜16:00）、
無休（季節変動あり）
入館料:無料
MAP P.8 A-2

Fotografiska

美術館

フォトグラフィスカ写真美術館

景色抜群！ 誰もが楽しめる写真美術館

印刷業を営む父親の下に育ち、写真業界での経験が長いブローマン兄弟が、写真の力で人々を結びつけ、意識を高め、プラスの影響を生み出したいという想いから、2010年にセーデルマルム地区ウォーターフロントの眺め抜群の場所に開館。トイレまでおしゃれにこだわった館内で、北欧及び海外の著名～新人アーティストのクリイエイティブなものから社会問題を取り扱った幅広い展示を鑑賞できます。アーティスト本人によるワークショップやセミナーが開催されることもあり、写真好きにはたまらないスポット。数年たらずで世界中の人々を魅了し、ドイツ、アメリカ、エストニア、中国にも同じコンセプトの美術館を開館しています。ランチやフィーカが楽しめるビストロからのパノラマビューも最高です。

1.写真に詳しくなくても見入ってしまう作品が並ぶ。 **2.**趣のある赤レンガの建物はもと税関だった。 **3.**ビストロカフェから望むパノラマビューは最高。 **4.**夏場は景色のきれいな入り口前のカフェテラスも気持ちいい。 **5.**必見のミュージアムショップ。ポスターやユニークなデザイン雑貨が並ぶ。

Stadsgårdshamnen 22
08 509 005 00
fotografiska.com
10:00～23:00、無休
入館料:大人179～219 Kr
（曜日と時間帯により変動あり）
MAP P.11 B-3

Östermalm
エステルマルム

Nationalmuseum

美術館

スウェーデン国立美術館

左右対称の美しいエントランスホール。

スウェーデン最大の美術館

スウェーデン王家による国内外の美術品が集められた国立美術館。スウェーデンを代表する画家カール・ラーション（P.138）やアンデシュ・ソーンの絵画、ヴィンテージのテーブルウェア、北欧家具などを集めたエリアもあり、北欧デザインも堪能できます。

重厚な造りで厳かながらも、キッズスペースもあり、ベビーカーで美術鑑賞を楽しむパパやママの姿も。入り口付近の彫刻展示室は、天窓からやわらかい光がさしこむ気持ちの良いスペース。ベンチに座りながらゆったりと芸術に浸るのに最適です。開放感あふれる講堂に並んだ美しい椅子は、美術館のためにアルテックがデザインを手がけた「アトリエチェア」。おしゃれな雑貨屋のような品揃えのミュージアムショップもぜひ忘れずにチェックを。

1. 期間限定の展覧会も見逃せない。**2.** 老舗の高級グランドホテルからもほど近い趣のあるストリート。**3.** 真っ白な彫刻が展示され、植物も多く置かれた憩いの場。

Södra Blasieholmshamnen 2
08 519 543 00
nationalmuseum.se
11:00（土・日曜10:00）～
17:00（木曜20:00）、月曜休（季節変動あり）
入館料:150 Kr
MAP P.9 C-4

Lidingö
リーディンゲ

Millesgården Museum

美術館

ミレスゴーデン彫刻庭園

空を飛んでいるかのように軽やかな印象の彫刻の数々。

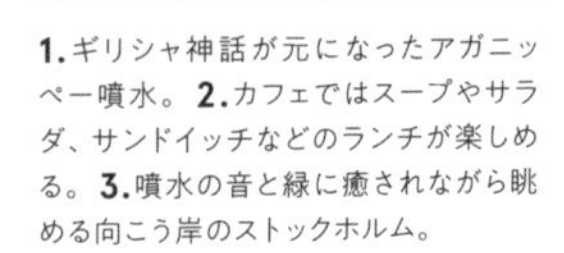

彫刻家カール・ミレスの庭園美術館

　ストックホルム中心地からバスや電車で30分ほどのところにある邸宅と庭園美術館。閑静な住宅街に佇むガラス張りの一軒家は、スウェーデンが誇る彫刻家カール・ミレスとその妻オルガが、かつて実際に暮らしながら芸術活動を行っていた場所です。白い門を抜けて邸宅のドアを開けると、右手奥に展示会場、左手奥にミュージアムショップが見え、庭園にも数多くの作品が展示されています。まるで息をしているかのような躍動感あふれる彼の作品は、彫刻に興味がなくとも見入ってしまうはず。

　心地よい噴水の音、季節の色とりどりの花々、テラスから一望できるストックホルムの街並み、と五感で満たされる場所でもあります。定期的に開催される企画展がとても良いのでこちらも要チェックです。

1. ギリシャ神話が元になったアガニッペー噴水。 **2.** カフェではスープやサラダ、サンドイッチなどのランチが楽しめる。 **3.** 噴水の音と緑に癒されながら眺める向こう岸のストックホルム。

Herserudsvägen 32
08 446 75 90
millesgarden.se
11:00〜17:00、
12/24・25休（冬季のみ月曜休）
◎HPよりアプリのガイドツアーを
ダウンロード可能
入館料：大人170Kr
MAP P.6 B-2

Gamla Enskede
ガムラ・エンフェーデ

Skogskyrkogården

森の墓地

墓地

世界遺産のお墓

ストックホルム中心部から地下鉄で20〜30分ほどのひっそりと静かなエリアに広がる墓地。ここはふたりの建築家、グンナール・アスプルンド（P.154）と友人のシーグルド・レヴェレンツによって設計された、近代建築史に残る傑作と言われる場所です。1994年にはユネスコの世界遺産にも登録されました。

スウェーデンの墓地は、日本のお墓の概念を超えた美しい芸術作品のよう。広大な緑のなかに、十字架のモニュメントや火葬場、5つの礼拝堂、そして無数の墓石が並びます。時代を超えた建物のデザインや機能性だけではなく、遺された人々の心に寄り添う細部にまでこだわった建築設計が大きく評価されています。ぜひ森のなかを歩いてみてください。「死者は森へ還る」というスウェーデンの死生観について考えさせられる貴重な時間になるかもしれません。

Sockenvägen
08 508 317 30
skogskyrkogarden.stockholm.se
24時間見学可能
入場料:無料
◎ビジターズセンターは11:00〜16:00（5〜9月、10月の土・日曜）
◎7〜9月の日曜13:00〜90分のガイドツアーあり（150Kr）
MAP P.6 B-2

「生・死・生」という生命循環を意味する巨大な十字架。

1.なだらかな坂の上に見えるのが「瞑想の丘」。2.森の墓地の中心となる火葬場と礼拝堂。3.緑に囲まれ、背の低い簡素な墓石が並ぶ。

古き日の暮らしの道具屋さん。すべてがレトロでかわいい。

Djurgården
ユールゴーデン

Skansen

スカンセン

ミニチュアスウェーデンを体験

　ユールゴーデン島にある世界初の野外民族博物館。広大な敷地のなかに、北欧に生息する野生動物の動物園や水族館、小さな遊園地もあり、年齢問わず楽しめるテーマパークのような場所です。

　スウェーデン各地から移築された本物の歴史的建造物で昔の街並みが再現されています。古い薬屋さんやスーパーを再現した建物にはその時代ならではの道具が陳列されていて、昔と同じように実際にパンを焼く様子や、銀細工、吹きガラスなど当時の技術を見学できる場所もあります。本物を見て、体験して、昔の人々の暮らしぶりを学ぶことができるのです。

　時間がない場合は、かわいい北欧雑貨や手工芸品を取り扱うミュージアムショップ（P.33上）だけでも立ち寄ってみて。また、季節ごとのイベントは、事前にチェックしてみてくださいね。夏場は、ガムラスタンから船で行くのもおすすめです。

入場しなくても入れる手工芸品店

Skansen Butiken

スカンセン・ブティーケン

手工芸品 

　野外博物館スカンセンの入り口すぐ横にある、北欧の手工芸品好きには必ず訪れてほしいお店。白樺細工やサーミ族のアクセサリーなど伝統的なスウェーデンの工芸品のほか、おみやげになるジャムやハチミツ、紅茶などの食材、スカンセンのオリジナルグッズなども揃っています。リサラーソンの「リラスカンセン」シリーズのかわいい動物フィギュアも。

webshop.skansen.se　11:00〜16:00、無休

1. おみやげ探しにおすすめのミュージアムショップ。 **2.** ハンドメイドのブラシや伝統柄のテキスタイルなどはおみやげにぴったり!

Djurgårdsslätten 49-51
08 442 80 00
skansen.se
10:00〜16:00(季節変動あり)
12/24休
入場料:大人200Kr
MAP P.11 A-4

1. 入場後は、地図で場所と行きたいところの把握をしよう。 **2.** エキゾチックな魚やワニがいるユニークな水族館。別料金(140Kr)。 **3.** 北欧に生息するめずらしい動物に会える動物園。 **4.** 1700年代後半〜1900年代中頃の街並みが再現されている。 **5.** 工房の街でガラス職人の実演見学。作品の販売も。

進化を続ける地下鉄アートプロジェクト

1957年にはじまった「世界でいちばん長いアートギャラリー」と言われるストックホルムの地下鉄アートプロジェクト。およそ100の駅で110kmにも及び、150人以上のアーティストによって生み出された個性豊かな壁面アートやオブジェなどを楽しめます。駅の一部ではなく全体にアートが施されているのが特徴的。

公共の地下鉄とアートを融合させることで、アートをより身近で日常に溶け込んだものにすると同時に、駅としての快適さや美しさ、安全性も追求しているのが、とてもスウェーデンらしい発想です。市内の移動にあえて地下鉄を利用して、アートギャラリーめぐりをしてみるのはいかがでしょうか？

2013年にさらなる拡張工事が決定。新たな路線の追加と、新しい駅の開通に向けて大規模なプロジェクトが着々と進んでいます。2015年には、新しい駅のアーティストもコンペティションで選出されました。常に時代を反映してきた地下鉄アート、今後はどんな斬新なアイデアが生み出されるのかとても楽しみです。

nyatunnelbanan.se/stockholms-nya-tunnelbana

1

Kungsträdgården

クングストレッドゴーデン駅（ブルーライン） MAP P.9 C-3

王立公園のすぐ側にあり、まるで不思議な迷宮に入りこんだような気分になる、赤、白、緑が基調の洞窟の駅。アーティストのウルリク・サミュエルソン（Ulrik Samuelson）は、駅を地下庭園に変え、ここに王立公園の歴史を描きました。かつてこの場所にあったマカロス宮殿に展示されていた彫刻や、貫禄のある銅像、岩の滝や数々の遺跡が独特の世界観を創り出しています。

1.バロック様式の庭園を思い起こさせる赤、白、緑の色使い。 **2.**1986年のチェルノブイリ原子力発電所事故の翌年に作られた天井のアートは時代背景を反映している。

スウェーデンの地下鉄3路線

Blå Linjen
ブルーライン

3つの路線のなかでもっとも新しい、1975年の地下鉄中央駅の開業と同時に開通した路線。地下を掘った際の壁をヒントに、洞窟のような雰囲気のとてもユニークで独創的なアートの駅が多いことから、地下鉄アートの代表格。

Gröna Linjen
グリーンライン

もっとも古い1950年代に開業した駅が多い路線。地下鉄といっても地上にある駅も多く、ストックホルム中心部の駅のみが地下にある。四角いタイルで壁が覆われているのが特徴的で、「バスルームの駅」と呼ばれている。

Röda Linjen
レッドライン

1960年代に建設されたものが多い路線。地下にある駅がほとんどで、そのうちのいくつかはブルーラインの駅と同様に洞窟のような造りになっている。思わず写真に収めたくなるような、フォトジェニックなアートの駅が多数ある。

3.ほのぼのと昔懐かしい雰囲気の駅構内。 4.ゲームのキャラクターに囲まれながら改札へ。

Thorildsplan

トーリスプラン駅（グリーンライン） MAP P.6 B-2

ストックホルム市内にある3つの地上駅のうちのひとつで1952年に開業。グラフィックアーティストでありイラストレーターでもあるラーシュ・アリアニウス（Lars Arrhenius）によりデザインされました。赤いキノコや黄色いパックマンなど、どこか懐かしい古き日のゲームの世界がピクセルで描かれています。駅周辺の交差点や歩道、エレベーター、階段などからインスパイアされてデザインを手がけたそう。

Stadion

スタディオン駅（レッドライン） MAP P.9 B-4

1912年のオリンピックスタジアム会場の最寄り駅。1973年、アーティストのエンノ・ハレク（Enno Hallek）とオーケ・パラープ（Åke Pallarp）が設計。虹はオリンピックのリングを表しています。爽やかなスカイブルーが基調となるプラットホームの空には大きな虹の橋が架かっています。「ストックホルムプライドフェスティバル」（P.135）のメイン会場も近い。

5.青空に架かる虹の門をくぐって電車に乗る。 6.1912年開催のストックホルムオリンピックのオフィシャルポスター。 7.カラフルな花々の絵が地下鉄に彩りを添えている。

Vasastan
ヴァーサスタン

Bengt & Lotta

デザイン雑貨

ベングト&ロッタ

笑顔とユーモアあふれるアトリエ

ブランケットで有名な「クリッパン（Klippan）」（P.164）の人気デザイナーでもあるベングトさん&ロッタさんの店。大通りを1本入って南へ進むとある緑豊かな公園の向かい、小さくてかわいらしい店構えのショーウインドウは、道行く人をも楽しませる色とりどりの雑貨が並んでいます。ドアの向こうにいつも待っているのは、あたたかいおふたりの大きな笑顔。常に自然体で日々の暮らしを愛し、楽しむことを忘れない彼らの原点は「人を幸せにすること」。北欧らしさが詰まったデザインのなかにくすりと笑みがこぼれるようなユーモアも忘れません。店内へ一歩入れば、そのコンセプトに妙にうなずいてしまうはず。

20年以上前、ベングト&ロッタのことを知らずして、ひと目惚れで買った白樺のトレイは、今でも我が家で大活躍しています。時を経ても色褪せることのないデザインの魅力と、そのデザインを生み出したおふたりに魅了され続けています。

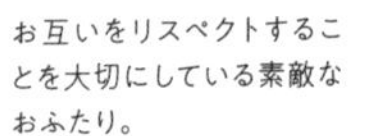

お互いをリスペクトすることを大切にしている素敵なおふたり。

1. さわやかな色のユリの花がデザインされたカッティングボード430Kr。 **2.** 日本でも人気の高いウールの靴下139Kr～。 **3.** ひざ掛けにもちょうどよいサイズのミニブランケット400Kr。

Norrtullsgatan 3
08 660 65 15
bengt-lotta.se
11:00～18:00、土・日曜休
MAP P.8 B-2

4.店先のショーウィンドーに並ぶかわいいアイテムたち。**5,6.**人や動物が楽しげな、鉄製のかわいいキャンドルホルダー。**7.**棚にはにぎやかでわくわくするようなアイテムが並ぶ。**8.**北欧の動物たちがデザインされたクリッパンの毛布。**9.**靴下は種類豊富で選ぶのも楽しい。

Norrmalm
ノルマルム

Designtorget

デザイントリエ

デザイン雑貨 

1

2

3

4

新しいデザインアイデアと雑貨の宝庫

ここへ来ればスウェーデンデザインの今が分かる！ と言われるほど、家具や照明、絵本に至るまで幅広く見応えのあるユニークな製品を取り揃えているお店。有名無名を問わず、社内の厳しい審査を潜り抜けた本当に良いものだけが並んでいるから、目がいくつあっても足りません。新進気鋭の才能あふれるデザイナーやクリエイターたちの作品に触れて、それを自分の部屋に取り入れた時の妄想をふくらませ、しばし幸せ気分に浸れる夢の場所でもあります。

スウェーデンの街並みがデザインされた白樺のトレイや、スウェーデン語の文字がデザインされた雑貨やエコバッグなど、スウェーデンならではの商品もたくさん！ センスの良い大切な人へのおみやげ選びにも最適です。

1. グリーンや花をいけたり、キャンドルを立てたりすることもできる399Kr。 **2.** 吹きガラス製の小さな温室345Kr（Sサイズ）。下部に土を入れて使える。 **3.** オーク材で作られたリスのフィギュア649Kr。 **4.** マッチ棒で人気のSolstickanのキーキャビネット329Kr。 **5.** 部屋の印象を大きく変える照明の種類も豊富。

Sergelgatan 20（セルゲルガータン店）
08 758 75 20
designtorget.se
10:00～19:00（土曜18:00）、日曜11:00～16:00、無休
◎ほか複数店舗あり
MAP P. 9 B-3

5

Norrmalm
ノルマルム

Iris Hantverk

イーリス・ハントヴェルク

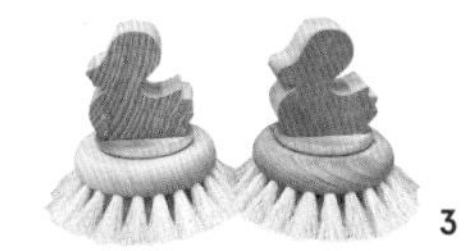
3

デザイン雑貨 

キッチンやバスルーム、屋外などいろんな場面で活躍するブラシが揃う。（ガムラスタン店）

あたたかい手作りブラシと雑貨の店

　視覚に障害を持つ職人さんたちが伝統的な技術を駆使して一つひとつていねいに作り上げたブラシのお店です。白樺やオークなど天然素材を使用したブラシは、感触と使い心地がとても良くて高品質。心がふんわりするようなあたたかみに包まれた空間には、木や白樺の手工芸品、くるくるとツヤの良い毛並みの羊のブランケット、手作りの石鹸なども並んでいます。素朴でぬくもりある雑貨は、主張し過ぎないデザインも魅力的。

　我が家ではちりとり付きのブラシを愛用していますが、見た目にも美しく、部屋のインテリアに違和感なく溶け込んでいるのが気に入っています。

2

1. ブランケットや北欧インテリア雑貨なども置かれている。（ガムラスタン店） **2.** あたたかい手袋とマフラー。靴下はベングト&ロッタのデザイン。（ガムラスタン店） **3.** オイル加工の白樺と馬の毛のバスブラシ315Krは形もかわいい。

中央駅近くにある本店。

Kungsgatan 55（本店）
08 21 47 26
10:00～18:00（土曜15:00）、日曜休
MAP P.9 B-3

Västerlånggatan 24（ガムラスタン店）
08 698 09 73
10:00～18:00、土曜11:00～16:00、日曜12:00～16:00、無休
irishantverk.se/sv
MAP P.10 C-1

Östermalm
エステルマルム

Svenskt Tenn

家具・インテリア

スヴェンスク・テン

春のイースター(復活祭)のテーブルコーディネイト。

スウェーデンが誇るデザインショップの老舗

一歩店内に入ると、優雅で上品な、まるで美術館のように圧倒される世界が広がります。スヴェンスク・テンは1924年の創業以来、スウェーデン人が憧れるインテリアショップとして不動の地位を築いてきました。創業者エストリッド・エリクソンの工芸品への強い思いと、ショップの顔ともなるオーストリアの建築家・デザイナーヨセフ・フランク(Josef Frank)の自然や植物をモチーフとしたカラフルなデザインの数々が、独特の世界観を作り上げています。高級でありながらどこか温かさも感じる空間。テキスタイルはメートル単位での購入が可能です。

店内にはひと休みできる「Svenskt Tenn Cafe」も。ストックホルム市内にある高級レストラン「Petri」とコラボした食事やケーキなどが楽しめます。

1. 色彩豊かで高級感とあたたかみがある。 **2.** ポーチやトート、クッションカバーなどはおみやげにも最適。 **3.** インテリアはランプシェードにもこだわりたい。1,400Kr~。 **4.** ひと休みするなら併設のカフェ「Café Svenskt Tenn」へ。

Strandvägen 5
08 670 16 00
www.svenskttenn.com
10:00~18:00(土曜17:00)、
日曜12:00~16:00、
無休(季節変動あり)

MAP P. 9 C-4

Esteriör

エステリオール

カラフルだけどすっきりとした印象の店内。

1.どこか和の雰囲気も漂うマグ。125Kr~。**2.**新たに追加されたカフェは買いもの途中の休憩にも。**3.**店先に立てかけられた鏡の看板が目印。

アイデアが生まれるデザインショップ

インテリア好きが唸る、素敵なものだけが散りばめられた、インテリアデザインのコンサルティングサービスを提供しているサンドラさんとヘンリックさんのお店。古いものと新しいものが融合した、斬新で遊び心のある雑貨や家具、ランプなどがセレクトされています。色や形にこだわった商品の数々は一見統一性がないかのように思えて、なぜかしっくりと馴染んでコーディネイトされている不思議。洗練された雑貨に囲まれるようにして日本のお酢の瓶やレトロな雑炊パッケージが置かれていることも。その柔軟で自由な発想が刺激的で楽しくて、インテリアのヒントにしたくなるようなお店です。

コーディネイトについていろいろ相談すると、素敵なアイデアをシェアしてくれると思います。

Åsögatan 144
08 121 591 00
www.esterior.se
11:00~18:30(土・日曜17:00)、無休(季節変動あり)
MAP P.11 B-3

虜になる北欧ヴィンテージの魅力

古くて新しい北欧デザイン、和との親和性

普段、雑誌やショップで私たちが目にする北欧ヴィンテージの多くは、1950～60年代頃のミッドセンチュリーと呼ばれる時代以降に製造されたもの。その頃の人々にとっては決して特別でない身近な日用品が、半世紀以上経った今、世界中で「北欧ヴィンテージ」として、新たな価値を生み出しています。

時代背景も文化も違う、海の向こうにある北欧の古い日用品。それが色褪せるどころか新鮮にすら映るという不思議。そこに確かに存在する、時代や世代、国境をも超えた北欧のデザイン性の高さには、目を見張るものがあります。

北欧で作られたものはなぜか和との相性も抜群で、日本のインテリアや食卓に違和感なく溶け込みます。そのシンプルで素朴であたたかみのある雰囲気には、懐かしさや安心感さえ覚えます。まったく異なるようで実は共通点も多い北欧と日本。自然と人とのつながりや、クラフトマンシップなど、日本人が持つ美意識とどこか重なる部分があるのも、北欧ヴィンテージに魅了される理由のひとつだと思います。

クオリティの高さと心豊かな暮らし

スウェーデンでは、ひとつのものを長く大切に使い続け、自分が必要でなくなった時には必要とする誰かに譲り渡すという素敵な考えが古くから浸透しています。それゆえに、見た目の美しさだけでなく、丈夫で長く愛されることを考慮したモノづくりが行われてきました。

そんな歴史を辿ってきた北欧ヴィンテージは、高級アンティークのように、ただ飾っておくだけのものではなく、実際に自分の生活に取り入れて使える親しみやすさと頑丈さがあります。時代に合わせた機能性も兼ね備えているので使いやすくて愛着が持てる、心地よい生活の一部となっています。

年月を経れば保存状態が良いものでもある程度の経年劣化を覚悟しなければなりませんが、その使用感や風合いさえも、ヴィンテージならではの味となり魅力となっています。親から子へ、子から

ヴィンテージのなかにはデザインが復刻されて現行品となっているものも。青いリンゴがかわいいロールストランドのエデンもそのひとつ。

和食器にも通ずる渋いものからカラフルで発色の良いものまで、北欧ヴィンテージにもいろいろある。

孫へと大切に引き継がれてきた背景に想いを馳せるのもまた歴史あるヴィンテージならではの醍醐味。

今だけでなく将来を考えつつモノを大切に使うことは、日常生活のなかにある心の豊かさであり、サステナブルの原点でもあります。先人たちが受け継いできたものに新たな物語を添えて、また次の世代へと引き継いでいけるのも、ヴィンテージならではの魅力です。

希少価値と旅の楽しみ

北欧ヴィンテージには、今はもう再現することがむずかしい技術や手に入れられない素材を使っているものがたくさんあります。その時代を反映するように生まれたシルエット、独特の素材感や色合い、表情の違いには、量産品にはない特別感があります。

希少価値の高い北欧ヴィンテージは「一期一会」という言葉がぴったり。ほしいと思った時に簡単に入手できるものではありません。だからこそ、探していたアイテムに出会えた時のよろこびもひとしおです。なかなか手に入らないとなると、ますます魅力的に見えるのは人間の性かもしれませんね。「素敵だな」「ほしいな」と感じた時には、最初のインスピレーションを信じて思いきって買ってしまいましょう！（よほど高価なものでない限り）縁あって旅先で出会ったモノは、時を重ねても永遠に色褪せることのない、思い出が詰まった特別な宝物になると思います。目的に辿り着くまでの過程も含めて、北欧ヴィンテージを探す旅を楽しんでいただきたいです。

1. 茶色いバラが描かれたグスタフスベリ、ローゼンフォルトのピッチャー。 **2.** エステリ・トムラがデザインしたアラビアのクロッカスは復刻版も出ている。 **3.** マリアンヌ・ウェストマンがデザインしたローストランドのムーシャンテン。

小さな北欧ヴィンテージ
購入時の注目ポイント

北欧ヴィンテージの家具はちょっとハードル高いけれど、食器や小物なら旅先でも手が出しやすいですよね。ストックホルムで見かける北欧ヴィンテージの多くは、リサ・ラーソンで知られるグスタフスベリや王室御用達として創業したロールストランド、そして廃窯後も根強い人気を誇るウプサラ・エクビー。多くはないですが、日本で人気のフィンランドのアラビアやイッタラもあります。旅を終えてからも、目にするたび、使うたびに旅の思い出に浸れるような、素敵な北欧ヴィンテージに出会えるポイントをご紹介します。

◎P.156~ヴィンテージブランドの紹介あり。

買う前に押さえたい3つのポイント

1.
買う場所

旅行中に北欧ヴィンテージを買える場所は、以下の3つ。目的や状況によって使い分けましょう。

アンティークショップ
目的が決まっていて探しまわる時間がない場合におすすめ。価格帯の高いところが多いですが、品揃えや商品の状態が良く、どんなに高くても日本で買うよりは安いはず! また、スウェーデン国内で販売されているものに"偽物"は少ないですが、海外からの模造品が紛れていることもあり、見分けがむずかしいという意味でも、アンティークショップはより安心。

セカンドハンドショップ・蚤の市
ゆっくり探す時間のある人向け。アンティークショップよりは安価な傾向ですが、品揃えは店やタイミングによってさまざま。いわゆるお宝に出会える可能性は運次第。私のおすすめは白樺細工やチークでできた工芸品やガラス製品。たいていお値打ちで素敵なものにめぐり会えます。

2.
コンディション

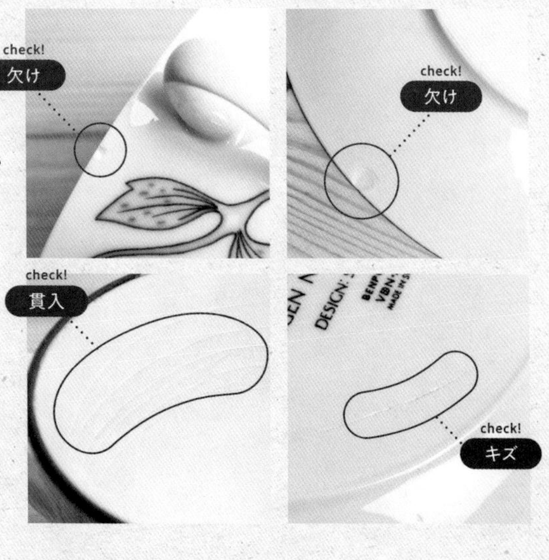

多くは経年劣化し、傷などがあります。アンティークショップでも状態の良し悪しにかかわらず大雑把に値段が一律となっていることが多く、セカンドハンドや蚤の市はなおさら。明るいところで光にかざして、しっかり吟味しましょう。とくに鑑賞用ではなく実際に使用を考えている場合は、カップの持ち手部分のヒビや、口縁に欠けがないかなど、使用時に気になる部分を注意深くチェック!

3.
日本へ持ち帰る方法

割れものでも、数が少ない場合はプチプチなどでしっかりと包んで手荷物にすればよいですが、数が多い場合や大き目のものを購入した場合には、郵便局（PostNord）から日本へ郵送することをおすすめします。スーパーなどで箱や梱包材を入手して、しっかりと梱包した状態で郵便窓口（多くはスーパーに併設）へ持ち込みます。通常は航空便で約1週間前後で日本に届きます。

◎postnord.se
送料:手紙扱い（追跡、補償なし）:
1kg:190Kr～、2kg:230Kr
※別料金で補償追加可能

イチオシの狙い目ヴィンテージ

スウェーデンではスウェーデンブランドを買うべし！ と思う方も多いと思いますが、フィンランド、ノルウェー、デンマークなど海外ブランドの方がオトクな場合があるんです。なぜなら、スウェーデン人は自国ブランドに誇りを持っているので、海外ブランドの価値を低めに見積もっていることもあるから。

そこで、私がおすすめしたいのは、アラビア（フィンランド）のルスカ（Ruska）シリーズ。和にも通ずる深いブラウンと釉薬による焼き色の違いが魅力的な器です。少し重いのが難点ですが、絶対にオトクなので、セカンドハンドショップや蚤の市で見かけたらぜひ手に取ってみてくださいね。また、スウェーデンのウプサラ・エクビー/ゲフル（P.162）のように、既にブランド自体がなくなっていて、再販の可能性が低いブランドも狙い目です。

茶色いルスカに紛れて、幻のブルールスカ。見かけたら絶対に買い!

Gamla Stan
ガムラスタン

Antikaffaren PHM

ヴィンテージ雑貨 

アンティークアファーレン PHM

日本人好みのヴィンテージが山積み。

50年の歴史を持つアンティークショップ

1970年代初頭からガムラスタンでお店を構える老舗のアンティークショップ。2023年に現在の場所に移転して、装い新たにオープンしました。道行く人が思わず足を止めたくなるようなショーウィンドーのディスプレイには、人だかりができていることもしばしば。お店には同業者の人たちもよく遊びに来ているそうで、おしゃべりしている姿を見かけます。

日本がとても好きだというオーナーさん。品揃えはとても幅広く、日本人好みの器も多く揃っているので、欲しくなるヴィンテージに出会える可能性は高いかも。海外発送には対応していないので、実際にお店に足を運んだ人だけが手に取ることのできる貴重な品々。素敵な出会いがあったら、迷わず購入を検討してみてよいかもしれません。

1.人気が高く希少なカップがずらり。**2.**つい足を止めたくなるショーウィンドー。**3.**オーナーさんのイチオシ、グスタフスベリのリネアのカップ。**4.**フィッギオのクルピアシリーズのチュリーン(スープなどを入れるふた付きの深い器)。

Köpmangatan 14
070 232 00 42
instagram.com/antikphm/
月～金曜11:00～17:00(土曜16:00)
日曜休

MAP P.⑩ C-2

Norrmalm
ノルマルム

Myrorna

ミーロナ

家具・インテリア

掘り出し物だらけのセカンドハンド

スウェーデン最大のセカンドハンドチェーン店。商品はすべて一般の人々の寄付によるもので、売り上げは社会貢献活動に使われています。

狙い目は陶器や工芸品。アンティークショップよりも割安に北欧ヴィンテージ食器に出会える可能性もあります。

市内に数店舗ある中、こちらは地下と2階もあり、ヒョートリエット広場からも近くてアクセス良好な店舗です。

1.絵画の品揃えも豊富。店内は地下と2階もある。 2.ムーミンのプラスチック製貯金箱。 3.真っ赤なハートがかわいい、アラビア・フィネルのホーローカップ。

Adolf Fredriks kyrkogata 5
08 545 208 91
myrorna.se
10:00~19:00、土曜11:00~17:00、日曜12:00~16:00
MAP P.9 B-3

Gamla Stan
ガムラスタン

Stockholms Stadsmission

ストックホルムス・スタッズミッション

家具・インテリア

1.セカンドハンドショップとは思えないほど、素敵にコーディネイトされている店内。 2.木蓋の付いたポットは、アラビアのアトリエシリーズ。 3.カラフルな野菜が並ぶアラビア・フィネルのベジータの片手鍋。

宝探しが楽しいチャリティーショップ

ストックホルム市内を中心にスウェーデン全土に展開しているセカンドハンドショップ。洋服や本、家具にいたるまで寄付されたアイテムが並び、その売上は社会貢献活動に役立てられています。リメイクされた洋服や雑貨が新しい魅力を放っている自社ブランド「REMAKE」も要チェック。品揃え豊富なガムラスタン店は北欧ヴィンテージ好きにおすすめです。

Köpmangatan 15
08 684 234 55
stadsmissionen.se
11:00~18:00(土曜17:00)、
日曜12:00~16:00、無休(季節変動あり)
MAP P.10 C-2

Södermalm
セーデルマルム

Uppåt Väggarna Second Hand

家具・インテリア 

ウポット・ヴェガルナ・セカンド・ハンド

店先から店内に誘うように商品があふれている。

2

3

レトロな北欧の日常が詰まった空間

地下鉄レッドライン、マリアトリエ駅にほど近いヴィンテージショップ。閉店時は見逃すほどのサイズ感ですが、普段は店先に並ぶレトロなマネキンや素敵なカゴ、ヴィンテージの椅子が目印。存在感があって、つい足を止めたくなる店構えです。

誘われるままに店内に入ると、そのサイズからは想像できないほどの、幅広い品揃えに圧倒されます。天井高くまでぎっしり詰まった陶器やテキスタイル。アクセサリーの種類も豊富でお値段も良心的。宝探しをするように時間を忘れて見入ってしまいます。

オーナーのクリステルさんとビョルンさんはとても親切で物知りなジェントルマン。探しものがあれば、遠慮なく尋ねてみてくださいね。親切に教えてくれるはずです。

1.天井まですき間なく詰まったヴィンテージ品の数々。**2.**詳細不明ながらも味のあるカップ&ソーサー。**3.**リンドベリがハンデルス銀行のためにデザインをした犬の貯金箱。

Rosenlundsgatan 1
070 938 99 18
15:00(金曜12:00)~18:30、
土曜12:00~16:30、月・火曜休
MAP P.⑩ B-2

Vasastan
ヴァーサスタン

Bacchus Antik

バッカス・アンティーク

家具・インテリア 

左側の店舗は、ランプや家具、絵画などのインテリア商品が中心。

コレクターの満足度が高い品揃え

1996年の創業以来、北欧ヴィンテージ好きに知らない人はいないであろう有名店。スウェーデンのグスタフスベリとロールストランドの陶器の品揃えが抜群で、壁という壁には上から下までカップ&ソーサーやガラス製品、花器などがぎっしり。ガラスケースには、所狭しとリサ・ラーソンのフィギュアが並んでいます。

PHランプなど1950～60年代のランプも豊富。2011年に拡大された隣の店舗には、ブルーノ・マッソンの椅子やハンス・J・ウェグナーのコーヒーテーブルなど、持ち帰りたくなるような魅力的なアイテムがあふれています。店先にはいつもワケアリ品がお値打ち価格で並んでいるので要チェック。目的のヴィンテージがはっきり決まっている場合は、まずチェックしておきたいスポットです。

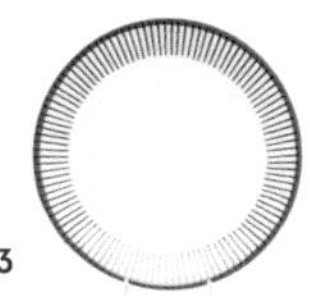

1. クマのぬいぐるみを持った甘えん坊。リサ・ラーソンのマリン。 **2.** 個人的にとても好きなロールストランドのパロマ。上品でかわいい色合い。 **3.** リンドベリの代表作スピサ・リブ。洗練されたかっこ良さ。 **4.** 地震のないスウェーデンだからできる収納法。

Upplandsgatan 46
08 30 54 80
bacchusantik.com
12:00～18:00、土曜11:00～16:00、日曜休
MAP P. 8 B-2

Vasastan
ヴァーサスタン

Old Touch

家具・インテリア 

オールド・タッチ

かわいいもので埋めつくされた店内。

1.絵本のワンシーンがイラストになったような古いポストカード5Kr。 2.店先に並ぶ古着につい足を止めたくなる店構え。 3.存在感のある果実塩の小瓶。

乙女心をくすぐる小部屋

オーデンプラン（Odenplan）のアンティーク通りにある、ヴィンテージやセカンドハンド、古着などを扱うお店です。

独特の世界観を持つクラシカルな店内は、まるで映画のワンシーンに出てくる主人公の部屋のよう。思わず「かわいい……」とつぶやいてしまう小部屋には、繊細に編み込まれた1910～70年代のアンティークレースや刺繍がほどこされた美しいハンカチ、古いフォトフレーム、セピア色の絵はがきなど魅力的なアイテムたちが並んでいます。年代ものの古着やそれらに合わせられるバッグやアクセサリー、更にはレトロなウェディングドレスまで、トータルで借りることもできます。

フェミニンなデザインや布モノが好きな人には特におすすめしたいお店。ここで出会った古いガラスのカップは私の宝物です。

Upplandsgatan 43
08-34 90 05
oldtouch.se
11:00～18:00（土曜15:00）、日曜休
MAP P. 8 B-2

Södermalm
セーデルマルム

POP Stockholm

古着

ピーオーピー・ストックホルム

サイケでレトロな古着屋さん

　SoFoエリアでひと際目を引くディスプレイの、にぎやかな古着屋さん。1950～90年代の洋服やアクセサリーが揃っており、カラフルでサイケデリックなワンピースやペイズリー柄のシャツ、存在感あるサングラスやアクセサリーなど、どこか懐かしくユニークなファッションに出会えます。店長のセンスが光るインスタグラムも要チェック！

Åsögatan 140
08 642 45 00
instagram.com/popstockholm
12:00～18:00（日曜17:00）、無休（季節変動あり）
MAP P.11 B-3

1.ワンピースからバッグ、アクセサリーまでトータルにコーディネイトできる。 2.メンズ、レディース共に、古着好きにはたまらない品揃え。

Södermalm
セーデルマルム

Modern Retro

古着

モダン・レトロ

1.夏場はカラフルなサマードレスが店先に並ぶ。 2.メンズや子ども服まで、幅広い品揃え。 3.コーデュロイの襟がポイントになった80年代のリーバイスジャケット950kr。

マニアが通う品のある古着屋

　センス抜群のオーナーが、古着とは思えない高級感あるものだけを厳選した、とっておきのヴィンテージショップ。SoFoの小さな店舗には、1920～90年代の北欧・ヨーロッパを中心に、洋服、靴、アクセサリーなどのアイテムが品良く並んでいます。リーバイスのジーンズやコムデギャルソンのジャケット、スウェーデンの高級デパートのデッドストックが入ってくることもあるのだとか。

Gotlandsgatan 76A
08 640 72 92
wp.modernretro.net
12:00～18:00（土曜16:00）、日曜休
MAP P.11 B-3

Södermalm
セーデルマルム

Retro.etc

レトロ・エトセトラ

デザイン・ヴィンテージ雑貨

壁も天井もキュートなアイテムがずらりと並ぶ。

1.ディスプレイとしても素敵なヴィンテージのコーヒーミル150Kr。2.古いティン缶には、フィーカ用のコーヒーとクッキーを入れたい。3.色とりどりのティータオル175Krは軽くておみやげにもぴったり。

かわいいレトロが詰まったおもちゃ箱

カラフルで楽しげな窓越しの景色に吸い込まれるように入ると、まるでおもちゃ箱みたいな店内。天井にはミッドセンチュリーの照明にまぎれて、洗濯ものみたいにゆらゆらした色あざやかなティータオルが目に入ります。赤やピンク、黄緑のカラフルなフルーツがお行儀よく並んだコロニー・ストックホルムは人気パターンデザイナー、ロッタ・キュールホルンとのコラボアイテムで、おみやげにもおすすめ。スウェーデンのミートボールがデザインされた壁紙の前には、北欧の妖精トロルの置物や花柄のクッキー缶、ヴィンテージの器など新しいものと古いものとがバランスよく置かれています。

どこかノスタルジックで懐かしくて、だけど古臭くない絶妙なバランス。宝探しをしているような心躍る時間を過ごせます。

Folkungagatan 65
08 23 25 03
retroetc.se
12:00~18:00、土曜11:00~16:00、日曜休
MAP P.11 B-3

Södermalm
セーデルマルム

Grandpa

グランパ

服・デザイン雑貨 

変化を続けるライフスタイルショップ

行く度に新しいものに出会える、服や雑貨好きなおしゃれさんが集う刺激的なお店。衣・食・住にまつわる素敵な商品を並べて生活スタイルごと提案しているセレクトショップです。取り扱いの大半は北欧ブランド。オリジナルブランドやまだ日本に進出していないブランドもあります。新しいものに敏感で日本にないものを購入したい人にとくにおすすめしたいです。

Södermannagatan 21
08 643 6080
www.grandpastore.se
10:00~18:00、土・日曜11:00~17:00、無休
MAP P. 11 B-3

1.クオリティの高さとサステナブルな視点で選ばれた商品が並ぶ。2,3.オリジナルブランドの服も展開している。

Vasastan
ヴァーサスタン

Tehuset Java

ティフーセット・ヤヴァ

お茶・デザイン雑貨

1.オリジナル缶はおみやげにもぴったり。2.カウンターでお願いすればお茶の香りを試せる。3..一番人気の「ルンドブレンド」。

世界中の紅茶と北欧雑貨が楽しいお店

ルンド発、スウェーデンでいちばん最初にできたお茶の専門店。世界各国のお茶のほか、マリメッコやムーミンなど北欧ブランドの雑貨も揃います。私のおすすめは、カウンターで量り売りされているフレーバー・ルイボスティー。とくに甘酸っぱいベリーやさわやかな香りのマンゴーなどフルーツ系が気に入っています。セムラやクリスマスフレーバーなど、季節限定のオリジナル商品も要チェック！ストックホルムに数店舗あり。

Odengatan 29
08 20 40 04
tehusetjava.se
10:00~18:30(土曜17:00)、日曜12:00~16:00、1/6休
MAP P. 9 A-3

Loppis

宝探しの蚤の市めぐり

スウェーデン語で蚤の市は「ロッピス(Loppis)」。とくに夏の間は、あちらこちらでこのロッピスのサインを目にします。不要となった日用雑貨だけを扱う小さなものから、アンティークショップも出店する本格的なものまでいろいろ。“ガラクタ”とお宝が雑多に混ざり合うなかでの宝探しのようなわくわく感は、結構クセになります。北欧の暮らしが垣間見え、ローカル気分にどっぷり浸れる場所でもあるので、旅が終わる頃にはすっかり蚤の市の虜になっているかも。旅の思い出に、蚤の市で小さなおみやげ探しをしてみては?

ロッピスのポイント

- 多くの場合クレジットカードは使えないので現金を用意しておきましょう。
- 目玉商品はなくなるのも早い! オープン時間前からスタンバイすると、掘り出し物に出会えるチャンスが高まります(早く行きすぎると、出店数は少なめ)。
- 複数(高額)買う場合は値下げをしてもらえることも。紙に数字を書くなどしてダメもとで交渉してみましょう。
- 購入を決める前に、商品のコンディションは隅々までしっかり見ましょう。
- 気になるものを見つけたら、すぐに手に取って一時的にでもキープしておくと安心。手に持っていないと、すぐに横からほかの人の手がのびてきます。

おすすめの蚤の市

01.

Hötorgets Loppmarknad

ヒョートリエット広場蚤の市

通年開催している、絶対に行ってほしい蚤の市。使い方の分からない道具からヴィンテージ食器を扱うお店までが軒を連ねます。まずは品揃えの良いお店を早めにチェック。より満足感の高い掘り出しもの探しには、あえてガラクタばかりに見えるお店で宝探しをするのがおすすめです。あり得ないほど安く良い買いものができるかも。

Hötorget 111
visitstockholm.se/o/hotorgets-loppmarknad
日曜 7:00頃~
MAP P. 9 B-3

1. コンサートホールの真ん前が日曜日の蚤の市会場。
2. ヘイマーケット・バイ・スカンディック(P.96)に近いガラクタ店には、掘り出しものが隠れていることも。

おすすめの蚤の市

02.

Hornstulls Marknad

ホーンストゥールス蚤の市

フードトラックが集まるフリーマーケット

湖岸で週末に開催される蚤の市で、のんびりした時間を過ごすのにおすすめ。古いものだけでなく、おみやげにぴったりのジャムの専門店、手工芸品、デザイン雑貨を扱うお店などが並びます。小腹が空いたらフードトラックのピザやハンバーガーを木製ベンチで頬張って。夏の心地よい風と太陽の光を感じながらの散歩も最高です。

Hornstulls strand 4
hornstullsmarknad.se
4~9月の土・日曜 12:00~17:00
MAP P.10 B-1

1.疲れたら軽食をつまみながら湖を眺めるもよし。 2.おしゃれなストックホルマーたちの憩いの場。

おすすめの蚤の市

03.

Karlaplan Loppis

カーラプラン蚤の市

北欧の暮らしが垣間見られる蚤の市

カーラプラン広場の噴水をぐるりと囲むようにお店が並ぶ高級住宅街の蚤の市。出店者は地元の人が多く、一般家庭で実際に使われている日用品のなかには、めずらしいものもたくさん。キッチン道具や食器、洋服や本、こどものおもちゃなど眺めているだけでも楽しめます。ぜひローカルに交じって、噴水前のベンチでフィーカを。

Karlaplan 114
loppistajm.se/karlaplan
4~10月 土曜 11:00~15:00
MAP P.9 B-4

1.地域柄、出品されているもののクオリティも高め。2.雑多に置かれた品のなかに、北欧ヴィンテージが混ざっていることも。

フォトジェニックな穴場の絶景スポット

ストックホルム最大の魅力はなんといってもその素晴らしい景色。それを存分に堪能できる、観光地としてはあまり知られていない穴場がセーデルマルム地区にあります。脳裏に焼き付くほどの美しい絶景スポットを2つご紹介します。

Monteliusvägen

MAP P.⑩ A-2

モンテリウスヴェーゲン

1.晴れた日には、対岸の景色や水辺を行き交うボートがくっきり見える。 **2.**小道の端にある公園の広場でゆったりとピクニックを楽しむ人々。 **3.**夏は緑が生い茂るのどかな散歩道。

セーデルマルムにある秘密の高台

地下鉄レッドラインのマリアトリエ (Mariatorget) からほど近いセーデルマルムにある高台。坂道を上がった先の、416mある細い散歩道からは、レンガ造りのリッダーホルム教会や大聖堂、市庁舎などの素晴らしい景色を一望できます。ところどころにベンチが設置されているので、座って休憩しながら景色を楽しむのも最高! 芝生の広場で、地元の人々に交じってごろごろとのんびりフィーカするのもおすすめですよ。年末に打ち上げられる花火の観賞スポットとしてもベストポジションです。

Skinnarviksberget

フィンナーヴィックスヴァリエ

MAP P.10 B-2

地元の人に人気の隠れ家的な丘

地下鉄レッドラインのズィンケンスダム（Zinkensdamn）駅から地上に出て坂を上がると、ごつごつとした岩場が見えてきます。少し足元が悪く、雨の日は滑りやすいですが、お天気の良い日にぜひ歩きやすい靴でのぼってみてください。モンテリウスヴェーゲンよりも高台にあるのでさらに見晴らしが良いです。青空の下はもちろん、夕暮れ時のオレンジに染まった空や湖面に映るストックホルムは思わず溜め息が出る美しさ。岩場に座ってたそがれる地元の若者にも人気の隠れ家的な場所です。丘の下の公園には小さな遊び場やカフェもあります。

4.思い思いの場所でのんびりとたそがれる人々。**5.**対岸のボートが並ぶエリアは、市庁舎まで続く散歩道になっている。**6.**季節や天気によって違う表情を見せる街並み。**7.**階段をのぼった先には巨大な崖が立ちはだかる。

夏はアーキペラゴへ日帰り船の旅

アーキペラゴとはスウェーデン語で「群島」の意味。ストックホルム周辺には、メーラレン湖からバルト海を中心に、大小さまざまな島が30,000ほど浮かんでいます。島にサマーハウスを持っている人も多く、夏のハイシーズンには本土からの船も定期的に出航。バスや車で行ける島もありますが、夏はやっぱりボートがおすすめ！ ここでは、ストックホルム中心部のニーブロカイエン（Nybrokajen）からいちばん近い島をご紹介します。

島はストックホルムの東、グスタフスベリより西に位置している。

スヴェンスク・テン（P.40）のそばにある船乗り場でチケットの購入も可能。

1.島ならではの青い空と緑とのコントラストが美しい。**2.**毎年夏は島でアトリエを開く抽象画家キャローラさん。醸し出す雰囲気がかっこいい。**3.**鍛冶屋のお兄さんが鉄を叩いて作品を作る様子を見学できる。

20分で行ける自然とアートの島

Fjäderholmarna

フェーデルホルマルナ島

船で20分、水上からユールゴーデン島の風光明媚な景色を堪能しているうちにあっという間に到着します。島は数時間あれば1周できるほどのこぢんまりとした大きさ。島内には美しい自然をはじめ、手仕事とデザイン、アートが楽しめるスポットがいくつもあります。ガラス工房や鍛冶屋、アートギャラリーやかわいいハンドクラフトの雑貨屋……チョコレート屋やブリュワリーも。少し歩き疲れたら、アイスクリームを片手にのんびりゆったり夏の島の空気を感じてみてください。往復チケット（195Kr）は事前にネットで購入しておくと安心。島に宿泊施設はないので、船の時間だけは事前にしっかりチェックしておいてくださいね。

◎チケット購入➡ stromma.com/sv-se/stockholm/utflykter/dagsutflykter/fjaderholmarna

MAP P. 6 B-2

4.ほがらかなテキスタイルデザイナーのアネリさん。カラフルでレトロな雑貨が並ぶ。 **5.**アネリさんのお店には子ども服や小物など複数の作家の作品も。 **6.**イギリスでテキスタイルを学んだオーナーが伝統と現代のスタイルを織り交ぜた作品。

7.都会から20分とは思えない自然豊かな島。水のせせらぎに癒される。 **8.**ブリュワリーのビールを楽しみながら船を待つのも夏の楽しみ。

おすすめの水辺のレストラン

Röda Villan

カフェレストラン

ローダ・ヴィーラン

友達のサマーハウスへ遊びに来たような、アットホームでウェルカムな雰囲気にあふれたカフェレストラン。夏の間は、庭で生演奏を聴きながらBBQを楽しむイベントも頻繁に開催されています。人気メニューは、スウェーデンの定番料理3品を楽しめる「トレ・スヴェンスカ・スマーカー（Tre Svenska Smaker）」165Kr～。

Fjäderholmen 1
08 21 50 31
rodavillan.nu
5月初旬～9月下旬の11:00（食事提供は12:00～）
※閉店時間は天気により変動あり

1.広い庭のテラス席がおすすめ。景色の良い場所を探してみて。 **2.**スウェーデンならではのヘラジカのミートボール175Kr。くさみがなく、やわらかく食べやすい。

スウェーデンのスーパーマーケット

海外のスーパーは、まるで地元民になったような気分に浸れる、旅でははずせないスポット。その土地ならではの特徴や食文化が垣間見られて楽しいですね。スウェーデンでは、カラフルでユニークなパッケージ商品もお手軽に手に入るので、いろいろめぐって、おみやげも探してみましょう！

Hemköp

ヘムショップ

輸入品の種類が豊富で比較的高価なものを扱う。店舗数は少なめ。

ICA

イーカ

大手チェーン店。日用品のみ扱うICA Näraや幅広い商品を扱う大型店ICA Maxiなどがある。おみやげ探しなら大型店がおすすめ。プライベートブランドに「i ♡ eco」（アイラブエコ）など。

Willy:s

ウィリーズ

ヘムショップ系列。比較的リーズナブルな品揃えで店舗も広めのところが多くおみやげを買うのにおすすめ。プライベートブランド「ガラント（Garant）」のティーバッグやチョコレートはパッケージデザインの種類が豊富。

Coop

クープ

大手チェーン店。エコ意識が高いスーパーとして認知されている。プライベートブランドに「エングラマルク(Änglamark)」など。

Lidl

リドル

ドイツ系のスーパー。全体的にリーズナブル。一般的なスウェーデンのスーパーには置かれていない海外の商品が多い。期間限定で国別食材のフェアも。

スウェーデンのスーパーの特徴&注意点

- 入り口と出口は別々。入り口からは出られないので注意！
- レジ袋は1枚100円前後と高価なので、マイバッグの持参はマスト。
- 量り売りの野菜は近くに置かれている無料のクラフト紙でできた袋に入れる。
- ベジタリアンやビーガン、グルテンフリー、ラクトスフリーコーナーが充実している。

スーパーのカゴはキャスター付き。持ち手も縦横に付いていて便利！

1.ブルーベリーやラズベリーなどたくさんのベリー類が並ぶ。 2.種類が多い乳製品は、かわいいパッケージにも注目してみて。 3.ヴェステルボッテンチーズ(Västerbottensost)はスウェーデンならでは。 4.子どもから大人まで大好きなキャンディのコーナー。

子どもが無料で食べられるバナナやリンゴコーナーがあるスーパーも多い。

豊富な種類のハーブ。ディル(Dill)はスウェーデン料理によく使われる。

スーパーで おみやげ探し！

「ヤンソンさんの誘惑」(P.83)を作るのに必須の甘みが強いスウェーデンならではのアンチョビ缶13Kr/125g。

肉料理に添えると一気にスウェーデン料理らしくなるリンゴンベリーのジャム30Kr～。黄色いベリー柄75Kr～は、北極圏周辺にしか生息しない貴重なクラウドベリー。

紅茶はパッケージデザインが凝っていて、香りの良いフレーバーが多い。1箱14Kr～。

コーヒー好きが多いスウェーデンのコーヒー。「Stockholm」の名が付いたもの53Kr/450g～はおみやげに最適。

虫歯が少ないスウェーデン人の歯ブラシ。持ち手がバンブーのエコなもの(5本で81Kr)も。

クリスマス時期によく食べられる。スパイスが効いたジンジャークッキー12Kr～。

バターと水を追加するだけで簡単にスウェーデンのお菓子が作れるミックス粉20Kr～。

シナモンロールのほか、季節限定のルッセカットやセムラの菓子パン25Kr～などはおやつにぴったり。

スウェーデンのパン「クネッケブレッド」。ダーラナホースが描かれた伝統的なもの10Kr～や、ベングト&ロッタの鳥や牛がデザインされた薄いクネッケブロッド25Kr～など。

サステナブル大国、スウェーデン

エコ意識の高いスウェーデン人

夏は森でブルーベリー狩り、冬は凍った湖の上でアイススケート……と、自然が大好きで日々自然とともに生きているスウェーデン人にとって、環境保護の意識は普通のこと。SDGs※達成度ランキングでは、2020年が1位、2023年はフィンランドに次いで2位と上位に君臨しています。そして家庭ごみはリサイクルしてすべて再生可能エネルギーになっているのがすごいところ。街なかを走るバスは、ほぼ家庭の生ごみを集めてエネルギーに変えたバイオガスを使っています。一度はごみとなった不要物から新しい価値を生み出しているのですね。

浸透しているセカンドハンド文化

街を歩いていると、いたる所でセカンドハンド（中古品）のお店を見かけます。私もスウェーデンに来てから、セカンドハンドのお店をよく利用していて、新しいものをあまり買わなくなり、捨てることも減りました。

スウェーデン人にとってモノを捨てるのは最終手段。壊れたら直す、破れたらリメイクする、不要となったらセカンドハンドショップへ寄付するというのが日常です。逆に何かが必要になった時には、新しいものを買う前に、まずはセカンドハンドショップや中古品の売買サイトなどを当たってみるのが一般的。

時限的に使うベビーグッズや子ども服などはその傾向が強いので、我が家の子どもたちも、友達のお子さんのお下がりをたくさん譲り受け、そして次に必要な人へと譲ってきました。子どもたちは、洋服にほかの子の名前が書かれていても平気。上から消して書き直します。

そんな風に、何も無駄にしない、古くなってもまた価値を見出して使っていく、というスウェーデンらしい取り組みのショッピングモールと、レストランをご紹介します。

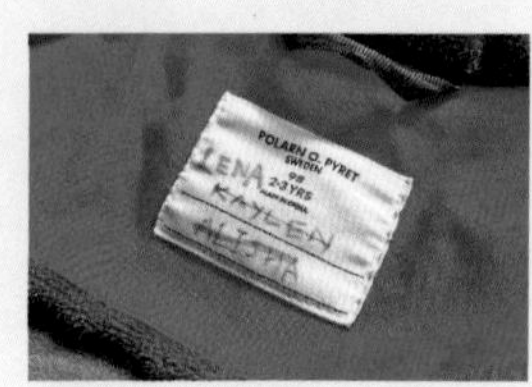

何度も名前が書き換えられた冬のオーバーオール。

※SDGs:Sustainable Development Goalsの略。2015年9月の国連サミットで加盟国の全会一致で採択された、私達がこの地球で暮らし続けていくために、2030年までに達成したい持続可能な開発目標のこと。

スーパーでのサステナブルな取り組み

缶やペットボトル入りの飲料は、価格にデポジット分が含まれており、飲み終わった容器をリサイクルボックスへ持っていくと、そのスーパーで利用可能なクーポンに変えられます（デポジット分の返金）。リサイクルしないほうが損するという見事な仕掛け！ スウェーデンでは、アルミ缶は1984年、ペットボトルは1994年からリサイクルを行っています。

スーパーに設置されているリサイクルボックス。

世界初の
リサイクル品
専門モール

ReTuna Återbruksgalleria

リトゥーナ・オーテルブルークスギャレリア

通路沿いに並ぶショップ。セカンドハンドの大手チェーン、スタッズミッションも。

　ストックホルム中心部から電車とバスで1時間半ほどの小さな町、エスキルストゥーナ（Eskilstuna）にある、2005年オープンの世界初のリサイクル品専門ショッピングモール。16店舗ほどが軒を連ね、新品を扱うお店は皆無。すべてすぐ隣のリサイクルセンターから持ち込まれた衣類や家庭用品、家具などのリサイクル品、アップサイクル品ばかりです。2020年に「世界初の、修理、リサイクル、再生アイテム専門のショッピングモール」としてギネスにも登録されました。とくに私が好きなのは「エコフロール（Ecoflor）」という花屋さん。オーナーのマリアさんが廃棄された布などの素材を再利用し、新たな命を吹き込みます。センス良く生まれ変わった花器や植木鉢が並ぶさまは、まるでおしゃれな雑貨屋さんのようです。

1.エコフロールで扱うのは、環境に配慮した栽培方法で育った植物のみ。 2.アンティーク調の古い家具の店。 3.「ReTuna」は街の名前「Eskilstuna」をもじって付けられたそう。

Folkestaleden 7
016 10 60 60
retuna.se
10:00〜19:00（土・日曜15:00）、無休
MAP P.6 B-1

サステナブルな取り組み事例

フードロスに
取り組む
ケータリング

Sopköket

ソップシューケット

見た目にも色鮮やかでヘルシーなケータリング料理。

　セーデルマルム地区でフードロスを減らす活動を行うケータリングレストラン、その名も「Sopköket＝ごみの台所」。オーナーのフィリップさんは、長くインドに滞在した経験をもとに、2015年にお店をオープン。ストックホルムのスーパーなどで廃棄される規格外の食材で、専門家がまだ使えると判断したものを調理して提供しており、食品廃棄物の削減、必要とする人へ食事を提供して飢餓の解消、社会から疎外された人々の雇用創出などに取り組んでいます。　これまでに88トンの食材をレスキュー。その理念だけでなく味にも絶大な定評があり、2021年にはスウェーデンでのベストレストランが選ばれるホワイトガイドにも掲載。現在、主にケータリングに力を入れて精力的に活動中。

073 399 63 08
sopkoket.se
MAP P.10 B-2

オーナーのフィリップさん（右）。

スウェーデンメイドのおみやげハンティング！

Svenska Souvenirer

Dalahäst

木彫りのダーラナホース

スウェーデンのアイコン的存在でもあり、幸せの馬として知られるダーラナ地方の伝統工芸品。クルビッツという伝統的な模様が、職人の手により一つひとつ手描きされている(P.143参照)。デパートやおみやげ屋さんなどで販売。289Kr/10cm〜。

Te

紅茶

ノーベル賞晩餐会で供される「Cosmopolitan Blend」はノーベル博物館のみで購入可。メダルチョコ付130Kr/100g。王室御用達The Tea Centre of Stockholmの「Söderblandning」はフルーツや花がブレンドされた優雅な香り69Kr/100g。ノーベル賞受賞者が宿泊する由緒あるホテルのオリジナルブレンドティーは、ホテル内のブティックのみで販売105Kr/50g。

Kökshandduk

ティータオル

スウェーデンのキッチンでよく使われる、リネン素材のキッチンクロス。スウェーデンの伝統的な柄やキッチンまわりの雑貨柄などカラフルでかわいいデザインのものが豊富。デパートや雑貨屋で販売。125Kr〜。

Choklad

チョコレート

人気チョコレート店、ホクラードファブリーケン(Chokladfabriken)や、マルメ・ホクラードファブリック(Malmö Chokladfabrik)のチョコはパッケージもオシャレでかわいい。72Kr〜。

Totebag

トートバッグ

デザイントリエ(Designtorget)(P.38)の100%キャンバス生地のトートバッグ199Kr。「Stockholm」のほかに「Malmö」や「Gothenburg」など他都市の別カラーのものも。42cm×43cm。

Bersåprodukter

ベルサグッズ

グスタフスベリのベルサをモチーフにしたグッズはスウェーデンならでは。エナメルのマグカップ169Kr、スウェーデン生まれのエンゼルチャイム259Kr、そのほかさまざまなアイテムがデパートや紅茶店、雑貨店などで販売されている。

Handkräm

ハンドクリーム

乾燥したスウェーデンならではのハンドクリームは、スウェーデン産の香りのおみやげ。自然成分を使用したL:A Bruketや、Björk and Berriesなど好みの香りを選んで。デパートやコスメショップで購入可能。

フィーカの文化と甘いもの

Fikaの言葉の由来

19世紀に使われていたコーヒーを意味する「Kaffi」が「Ffika」を経て「Fika」に変化したと言われています。スウェーデンの歴史上5回、コーヒー禁止令が出たことがありました。それに我慢のできなかった人たちがこっそり使っていたシークレットワードが「Fika」だったという説も。

スウェーデン人にとってなくてはならない時間、フィーカ (Fika) 。それは、心と身体を癒し、ほっとひと息つくお茶の時間です。

コーヒーや紅茶など、好みの飲みものと一緒に甘いおやつをほお張りながらおしゃべりをする、人と人とをつなぐ架け橋となるような時間でもあります。

「Ska vi Fika? (フィーカにしましょうか?)」
一瞬で心を解きほぐして笑顔を引き出す魔法の言葉。

人はおいしいものを口にするとき、自然とリラックスして表情が和らぎますよね。

プライベートではもちろん、職場でもフィーカの時間はあります。ひと息入れることで気持ちを整え、まわりとスムーズにコミュニケーションを図る、そんな時間をスウェーデン人はとても大切に考えています。

濃いめのコーヒーと甘いものがあれば至福の時間。

フィーカのお供たち

Kanelbulle

カネルブッレ

フィーカの定番のお菓子。どこのカフェにも必ず置いてある。スウェーデンのシナモンロールは、カルダモンを練り込んだ生地にシナモンと砂糖をたっぷり塗って、最後にぱらぱらとパールシュガーを振りかけたものが一般的。個人的にいちばんおすすめなのは、さわやかな香りがクセになるおいしさのカルダモンロール。生地にサフランが練り込まれて、パールシュガーが降りかけられているサフランロールや、バニラやチョコが入ったもの、また形にもいろんなバージョンがある。

Prinsesstårta

プリンセストータ

誕生日やお祝いごとなどには必ずと言ってよいほど登場する、バニラクリームと生クリームをサンドしたスポンジをカラフルなマジパン(グリーンが主流)で覆ったケーキ。

Kladdkaka

クラッドカーカ

「クラッド」はスウェーデン語で「ドロドロ」の意味。外はさっくり、なかは半焼けのやわらかい状態になったチョコレートケーキ。たっぷりの生クリームを添えていただく。濃いめのコーヒーとの相性が抜群。

Hallongrottor

ハロングロットル

ほろほろっとくちどけのよい生地に、甘酸っぱいラズベリー(Hallon)のジャムがトッピングされた見た目にもかわいいクッキー。

Semla

セムラ

カルダモンを練り込んだパンに、アーモンドペーストと生クリームがたっぷり入った、春を告げるお菓子。見た目はシュークリームのようだがまったく違うもの。

Chokladboll

ホックラッドボール

オートミールが入ったチョコレートボール。ココナツがトッピングされてココスボールと呼ばれることも。

Vaffel

ヴァッフェル

薄焼きで、サクッとした触感が特徴的なワッフル。クリームとベリーのジャムをのせた甘い系だけでなく、エビなどをのせた食事系も定番。

Morotskaka

モローツカーカ

ペースト状のクリームチーズで覆われたキャロットケーキ。しっとりとなめらかな口当たり。

所要時間 50分＋生地をやすませる時間30分

Bon Aibonさんの

ハッロン・グロットル
~ラズベリージャムの「洞窟」クッキーレシピ

ハッロン（Hallon）はスウェーデン語でラズベリー、グロットル（Grottor）は洞窟（複数形）の意味で、「ラズベリーの洞窟」というかわいらしい名前のお菓子です。丸めた生地にくぼんだ穴（洞窟）を空けて、真っ赤なラズベリージャムを流し入れることからこの名前がつきました。穴は直径1cm程度、ミニすりこぎなどの調理器具の柄の部分や、指を使ってあけますが、小さな子どもの指がピッタリなので、我が家ではもっぱら子どもたちの仕事です。ソフトタイプのクッキーなので、焼き色がつく前にオーブンから取り出しましょう。

材料
（直径3.5cmのベーキングカップ20個分）

- 中力粉…160g
- バター（室温にもどしておく）…120g
- グラニュー糖…60g
- レモンの皮（国産有機レモン使用）…1/2個分
- ベーキングパウダー…小さじ1/2
- バニラオイル…数滴
- ラズベリージャム…30g

準備

レモンの皮をすりおろす。使うのは皮の表面の黄色い部分のみ。内側の白い部分は、えぐみが出るので使用しない。

作り方

1

ボウルに、バター、グラニュー糖、すりおろしたレモンの皮、バニラオイルを加えて、ゴムベラですり混ぜる。

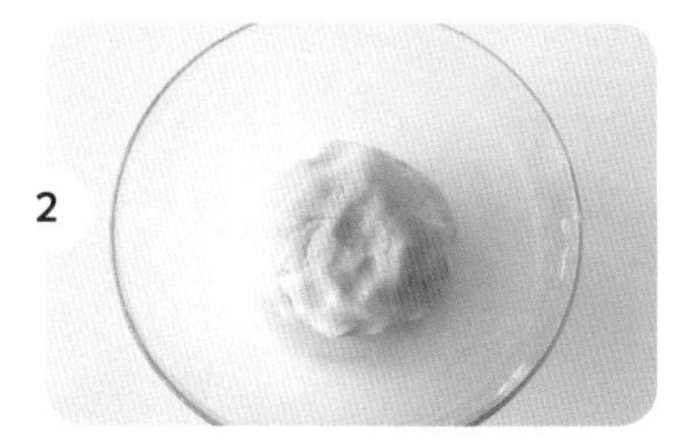

2

別のボウルで中力粉とベーキングパウダーを合わせて1に加え、均一になるまで混ぜる。生地がやわらかい場合は冷蔵庫で30分ほど休ませる。

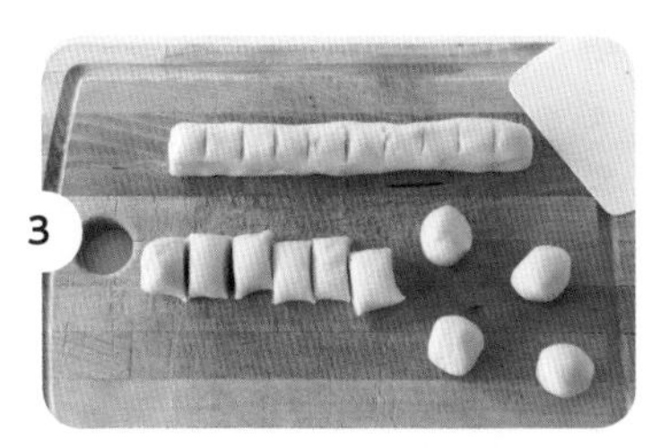

3

オーブンを180℃に予熱する。生地を20等分して丸める。

4

3を少し平たくつぶしてからベーキングカップに入れ、天板に並べる。指や調理器具の柄などを使って、生地にくぼみを作る。

5

ラズベリージャムを流し入れ、10~15分ほど焼く。ソフトタイプのクッキーなので、焼き色はつけなくてよい。

保存

密閉容器に入れて常温で1週間、冷凍庫で1か月ほど可能。

ヴェントゥラ愛（あいぼん）さん

ストックホルム在住のパティシエ、3児の母。2013年ストックホルムに移住。日本のお菓子を販売するポップアップカフェや有名レストランでのジャパニーズアフタヌーンティーが話題を呼び、現地メディアで多数紹介される。Natur&Kultur社より「Japanska bakverk」「Baka kawaii」の2冊のレシピ本を出版、欧州数カ国で翻訳出版される。2019年にはYouTubeチャンネル「Bon Aibonスウェーデン暮らしのレシピ」開設。手作り菓子ミックス「北欧FIKAキット」監修、日本のテレビにも出演し、北欧の暮らし、子育て、お菓子の魅力を発信している。2023年「スウェーデン在住のパティシエが教える ほっとする 北欧のおやつ」をKADOKAWAより出版。

YouTube:「BonAibonスウェーデン暮らしのレシピ」

Instagram: @aibonventura @bon_aibon

Vasastan
ヴァーサスタン

Socker Sucker

ベーカリーカフェ 

ソッケル・サッカー

宝石を選ぶようにお菓子を選ぶ店

2021年に開店し、たちまち話題となったのが、パンの名匠ベドロスさんとペイストリーの魔術師フリーダさんが手がけるベーカリー。開店からわずか2年後には、なんとノーベル賞晩餐会のパンを担当するまでに。「ジュエリーショップで宝石を選ぶように」というコンセプト通り、ガラス張りのショーケースには、職人の情熱とこだわりが詰まっているうっとりするほど美しい芸術作品が並んでいます。まるで宝石を選ぶような贅沢な体験を味わってみて下さい。

あえて詳細が明示されていないのもユニークな魅力。中身やバックストーリーをお店の人に聞いてみるもよし、口に入れるまでのお楽しみにとっておくのもよし。おいしさの中に隠された秘密と魔法を解き明かす旅、ぜひご堪能ください。

1.陳列方法にもこだわったショーケース。**2.**季節限定セムラは、ランキングでも常に高評価。**3.**レモンが香るさわやかなタルト75Kr。**4.**チーズを使わないヴィーガン向けのチーズケーキ75Kr。

Drottninggatan 93
08 9311 02
sockersucker.se
火曜9:00~17:00、水~金曜8:00~18:00、土・日曜10:00~17:00(日曜16:00)、月曜休

MAP P. 9 B-3

Vasastan
ヴァーサスタン

Café Pascal

カフェ 

カフェ・パスカル

混み合う時間帯を避けて、ランチなら早めの11時前後か遅めの13時以降が無難。

トップバリスタのコーヒーが味わえるカフェ

大通りを1本入った先の一角にある人気のベーカリーカフェ。市内に3店舗展開していて、夏場はテラス席がたくさんの人でにぎわっています。赤いレンガの壁に囲まれたグリーンのカウンターには、おいしそうな焼き菓子やサンドイッチがずらりと並び、その横でていねいに淹れているコーヒーの良い香りが漂います。2021年のスウェーデンのベストバリスタがいるお店なので、コーヒーに定評があるのはもちろん、関連グッズや自家焙煎コーヒー豆も販売しています。ボリュームたっぷりのサンドイッチや色とりどりの野菜が美しく盛られたサラダもぜひ試してみて。

フレンドリーなスタッフ、心地よい音楽と地元の人々が笑い合う程よいざわつきのなかで、つい長居をしたくなるようなカフェです。

1

1. 柚子レモン風味の自家焙煎コーヒー豆190Kr。 **2.** ランチにはグリルサンドやサラダがおススメ。 **3.** 軽食にぴったりの小さめサンドイッチは種類も豊富。

Norrtullsgatan 4
08 31 61 10
cafepascal.se
7:00~19:00、土・日曜8:00~17:00、無休（季節変動あり）
MAP P. 8 B-2

◎セーデルマルム店、
エステルマルム店もあり
MAP P. 11 B-3

Östermalm
エステルマルム

Fosch Artisan Pâtisserie

ベーカリーカフェ 

フォッシュ ・アーティサン・パティセリー

受賞多数、日本人好みのフレンチカフェ

ストックホルムのおいしいケーキ屋さんといえば必ず名前が挙がる人気店で、市内に2店舗あります。2016年にフランス出身のダミアンさんとゴットランド島出身のマリンさんが開業したこのフレンチカフェは、いつも地元の人でにぎわっています。カウンターに並ぶ見た目にも美しく、時にユーモラスなケーキやパンに目は釘付け。あれこれ目移りするのもまた至福の時です。

使用するフルーツやベリーは国内で採れたものばかり。スウェーデンとフランスのエッセンスが融合された程よい甘みのスイーツは日本人好みで後を引くおいしさです。ランチのあたたかいスープや野菜たっぷりのサラダ127Kr～もおすすめです。

キッシュサラダランチ127Krは満足感が高くておすすめ。

1.ユニークで目を引くクッキー。2.大通り沿いにあるビリヤ・ヤールスガータン店。3.どれもハズレはないが、個人的には パンもケーキもフルーツ入りがイチオシ!

Birger Jarlsgatan 63
08 528 000 77
fosch.nu/index.htmlnPâtisserie
7:30~18:00、土・日曜9:00~17:00、月曜休
MAP P.9 A-4

◎ロイトナンテン店あり
MAP P.9 B-3

Södermalm
セーデルマルム

Älskade Traditioner

ワッフルカフェ

エルスカデ・トラディショネル

古き良き時代にタイムスリップしたような店内。

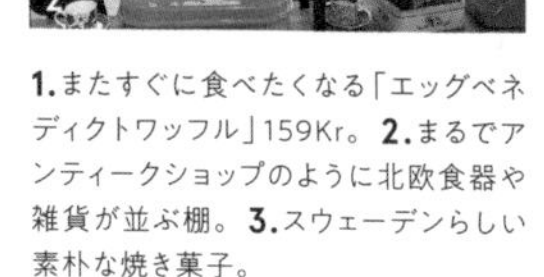

1. またすぐに食べたくなる「エッグベネディクトワッフル」159Kr。**2.** まるでアンティークショップのように北欧食器や雑貨が並ぶ棚。**3.** スウェーデンらしい素朴な焼き菓子。

Södermannagatan 42
08 643 78 78
alskade-traditioner.business.site
10:00~18:00、月曜休
MAP P.11 B-3

レトロ空間でワッフルとヴィンテージを

レトロな雰囲気が味わえるワッフルの人気店。アメリカンダイナー風の店内には、壁一面に古い写真やポスター、それにグリーンのジュークボックスも置かれています。スタッフの装いもレトロなので、雰囲気と味の両方が楽しめるおすすめのお店です。

食事ワッフルもデザートワッフルも種類豊富ですが、なかでも私のおすすめは、ボリュームある食事ワッフル。カリッと焼かれたでこぼこ生地の間にたっぷりの具がサンドされていて、目にもお腹にもうれしい。

甘いものが得意なら、レトロな特製シェイクも挑戦してみてほしいです。セルフサービスのコーヒーは、ヴィンテージの器から好きなものを選べます。しばし時を忘れて、映画のような世界をお楽しみください。

Kungsholmen
クングスホルメン

Komet Stockholm

カフェ

コメット・ストックホルム

フレンチ×コーヒーで至福の時間

2021年の開店後、すぐに愛される存在となったフランス人オーナーのカフェ。毎年ベストセムラに名を連ねる人気店です。クロワッサンやパン・オ・ショコラなどフランス生まれの定番のほか、シナモンロールやベジタリアンのサンドイッチなどバラエティ豊か。ランチタイムのスープや彩りがきれいなサラダもおいしい。コーヒーはストックホルムの焙煎所「ストックホルム・ロースト（Stockholm Roast）」のものを使用。

1. 人気はサクサクのクロワッサン45Kr。**2.** 好きなサンドイッチとコーヒー、フレッシュジュースが付いたモーニングセット129Kr。**3.** 目立たない店構えながら知る人ぞ知る人気店。

Kungsholmsgatan 10
073 530 99 55
kometstockholm.com
7:00～17:00、土・日曜9:00～16:00、無休（季節変動あり）
MAP P.8 C-2

Gamla Stan
ガムラスタン

Grillska Huset

カフェ

グリルスカ・フーセット

1. 部屋ごとに雰囲気が違うので気に入った部屋を選んで。**2.** メレンゲがのったレモンのタルト53Krは濃いコーヒーとよく合う。**3.** お代わり自由のコーヒーは不揃いのアンティークカップから好きなものを選べる。

広場に面したアンティークなカフェ

ストール広場に面した、セカンドハンドショップ「ストックホルムス・スタッズミッション」（P.47）が運営するカフェ。スウェーデンの庶民的な日替わりのランチメニュー99Kr～を楽しめます。パンやペストリーはすぐ隣の系列店ブロッドボーデン（Brödboden）のもの。窓際の席で行き交う人々を眺めながらのフィーカも楽しいです。

Stortorget 3
08 684 233 64
stadsmissionen.se/vad-vi-gor/grillska-huset
火～木曜10:00～20:00（月・金・土曜19:00）
日曜11:00～19:00、無休（季節変動あり）
MAP P.10 C-1

Södermalm
セーデルマルム

Lykke Nytorget

カフェ

リッケ・ニートリエ

遊び心満載の幸福（Lykke）なカフェ

虹が目印、2023年にリニューアルしたリッケは、カフェ、レストラン、バー、ライブステージが一体となった朝から晩まで楽しめるトレンディーな場所。日本発のコンセプトを踏襲した地下では、厳選されたスピーカーが紡ぐ音楽イベントなどが定期的に開催されます。サステナブルなコーヒー豆は自社焙煎所のもの。カラフルでかわいいパッケージデザインに包まれたコーヒー豆や紅茶はおみやげにもぴったり。

Nytorgsgatan 38
lykkenytorget.se
8:00~18:00（木曜22:00、金曜0:00）、
土曜9:00~0:00、日曜9:00~18:00、無休
MAP P.11 B-3

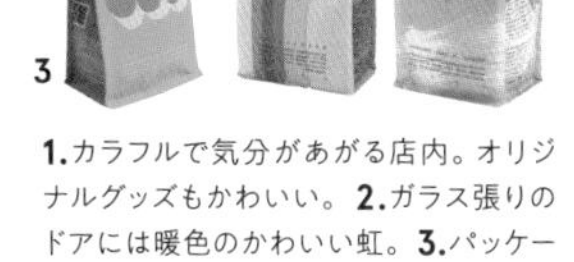

1.カラフルで気分があがる店内。オリジナルグッズもかわいい。 2.ガラス張りのドアには暖色のかわいい虹。 3.パッケージデザインが目を引くコーヒー豆。

Norrmalm
ノルマルム

MR CAKE

カフェ

ミスター・ケーク

1.目にも鮮やかなケーキが並ぶ。 2.一度は試してみたい赤いクロワッサン56Kr。 3.広い店内にはおみやげにぴったりのお菓子も。

人気パティシエのアメリカンスイーツ

2017年のオープン後すぐに大人気となったエステルマルム店に続き、2024年3月にノルマルム店がオープン。ピンクが基調となった店内にカラフルでポップなアメリカンスタイルの甘いケーキが並ぶ、スウェーデンでは珍しいカフェ。人気は「レッド・ベルベット・クロワッサン」という名の赤いクロワッサン。クリームチーズのフィリングにホワイトチョコでデコレーションされています。

Regeringsgatan 57
08 1243 4336
mrcake.se
7:30~19:00、土曜9:00~18:30、日曜9:00~18:00、無休
MAP P.9 C-3 / A-3

スウェーデン人は
アイスクリームが大好き

スウェーデン人は老若男女、季節を問わず暑くても寒くてもアイスクリームを食べています。普段行列を見ることは滅多にない国ですが、夏場のアイスクリーム屋さんだけは別。さらに、日本の「いしや～きいも～♪」のトラックのように、独特の曲を流しながら街中をまわるアイスクリームの移動販売車「ヘムグラス（Hemglass）」は夏の風物詩。スカイブルーのヘムグラスがやって来ると、大人も子どもも大よろこびで外へ出て、駆け寄っていきます。

このヘムグラスは、冷蔵庫が一般家庭にも普及した1968年、エリックさんとアンダースさんの「アイスクリームを工場からお客様の玄関先まで直接お届けします！」というシンプルながらも独創的なアイデアから生まれ、瞬く間に人気となり、スウェーデン全土に広がりました。今も変わらずアイスクリームとよろこびを届けながら、スウェーデン中を走りまわっています。

ここでは、おすすめのアイスクリームショップもご紹介します！

Vasastan
ヴァーサスタン

Snö

スヌー

アイスクリームチャンピオンの店

ヴァーサ公園の斜向かいにある2016年と2018年のアイスクリームチャンピオンの行列店。オリーブオイル&シーソルトや、ホワイトチョコ&ココナツ&パイナップルなど、ユニークな組み合わせのフレーバーが常時登場します。パスタやフォカッチャのサンドイッチなどカジュアルなイタリアンランチも。

Odengatan 92
08 32 30 10
snogelateria.se
11:00～19:00（土・日曜18:00）、
無休（季節変動あり）
MAP P.8 B-2

1.訪れる度に新たな発見がある。 2.お天気の良い日は、すぐ前の公園でアイスを食べながらくつろぐのが地元っ子の楽しみ方。

スーパーでも購入できるように。

Kungsholmen
クングスホルメン

Fryst

フリスト

ハズレのない湖畔のアイスクリーム店

常に行列ができるほど地元の人々からも大人気の、景色が美しい湖畔にあるお店。個人的にはストックホルムでいちばん好きなアイスクリーム屋さんで、何を食べてもおいしい！夏場はすぐ目の前にある水辺のベンチに座って、湖を行き交うボートを眺めながら冷たいアイスをほお張るのも気持ちいいですよ。

Kungsholms strand 167
08 653 80 98
fryst.net
不定期なので事前に要確認
※春12:00～18:00（日曜17:00）、
月・火曜休
MAP P.8 B-1

1.景色の素敵なホーンシュベリ（Hornsberg）や市庁舎に続く散歩道。 2.マンゴーとピスタチオ。ピスタチオ系はとくにおすすめ。

Vasastan
ヴァーサスタン

Günter´s Korvar

ホットドッグ・スタンド

グンタース・コルヴァー

隠れ家のようなホットドッグ店

　閑静な住宅街に突如見えてくる人だかり。ストライプのシェードが見えたらそれがスウェーデン人のソウルフードとも言える、ホットドッグの名店です。世界25か国以上のソーセージの写真から選んだソーセージをバゲットにサンドして、オリジナルソースにケチャップ、マスタードと一緒にサーブされます。トッピングのザワークラウトは味に変化をつけてくれるのでおすすめ。

1.酸味の効いたザワークラウトがよりソーセージの味を引き立ててくれる。 2.メニュー表には、世界中のソーセージの写真が並ぶ。 3.白地に赤の看板と縞々のシェードが目印。

Karlbergsvägen 66
08 31 17 71
facebook.com/G%C3%BCnters-korvar-74862090486
11:00~20:00（土曜16:00）、日曜休
MAP P.8 B-1

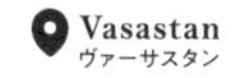

Vasastan
ヴァーサスタン

Hasselsson

ファーストフード

ハッセルソン

1.クリスピーフィッシュバーガーも試してほしい。 2.小さなお店なのでランチタイムは外すか、テイクアウトで! 3.Fine Little Days(P.165)とのコラボグッズも見逃せない。

ヨーテボリ発！海のファーストフード

　2013年にフードトラックからスタートして、スウェーデン第二の都市ヨーテボリで大成功をおさめた幼なじみたちのお店が2022年ストックホルムにも進出。本場イギリスとは違うユニークなスウェーデンスタイルのフィッシュ＆チップスやフィッシュバーガーなどが味わえます。カリカリに揚がった魚とフレンチフライの上には、パルメザンチーズがたっぷり。もちろんテイクアウトもOKです。

Sankt Eriksgatan 67
07 0339 3091　hasselsson.com
11:00~20:00、日曜12:00~17:00、月曜休
MAP P.8 B-1

Östermalm
エステルマルム

Östermalms Saluhall

市場

エステルマルム市場

新鮮な食材が並ぶ高級市場

エステルマルム広場に佇む煉瓦造りのひと際存在感のある建物は、1880年代から続く屋内の食品市場。2015年から大がかりな修繕工事がはじまり、2020年3月に再オープンしました。

高い天井の活気ある屋内には、最高においしいサーモンや、北欧ならではのトナカイやイノシシの肉、エキゾチックなフルーツ、種類豊富なチーズなどのありとあらゆる一流食材が美しく並んでいます。夏場はスウェーデン産のザリガニも。価格帯は普通のスーパーよりも高めで、主に地元の人が利用していますが、ほかにはないものを探したり雰囲気を味わうには最高のスポット。テイクアウトだけでなくカフェやレストランもあり、新鮮な食材を使ったおいしい料理を味わえます。ランチタイムは混み合うので、早めに行きましょう。

おすすめレストラン

Tysta Mari レストラン

ティスタ・マリ

市場のなかでは比較的リーズナブルにニシンのフライやフィッシュスープ、肉料理などが楽しめるレストラン。ランチは数種類のパンとサラダ付きで170Kr～。デリでテイクアウトもできます。

ystamari.nu
9:30～19:00(土曜17:00)、日曜休

1.入り口の黒いボードに書かれた日替わりメニューをチェックして。 **2.**サクサクの衣のなかに隠れたふわっとやわらかいニシンが美味。

1.開放感のある高い天井と、凝った造りの重厚感ある店構え。 **2.**旬で鮮度の高い野菜やフルーツはあざやかで目にもおいしい。 **3.**普通のスーパーには見かけない魚介類もたくさん揃っている。 **4.**美しいサーモンボール。オーブンに入れるだけでパーティーメニューが完成する。 **5.**どっしりと高級感の漂う入り口。

Östermalmstorg
ostermalmshallen.se
08 553 404 00
9:30～19:00(土曜17:00)、日曜休
MAP P.9 B-4

Normalm
ノルマルム

Hötorgshallen 市場

ヒョートリエット屋内市場

親しみやすい雰囲気の屋内市場

日曜蚤の市が行われる広場内にある建物、映画館の隣の屋内市場。エステルマルム市場が高級市場なら、こちらは庶民的な雰囲気の市場。比較的お手頃価格で、新鮮な食材や総菜などが売られています。私が行くたびに利用するのは、ドライフルーツ＆ナッツのお店。フルーツの種類がものすごく豊富です。またありとあらゆるスパイスを扱うお店も見ているだけで楽しい。お腹が減ったら、人気のフィッシュスープのお店をおすすめします。

地下は、地元の人々でにぎわう屋内市場。

Sergelgatan 29
hotorgshallen.se
072 333 35 65
10:00～19:00
(金曜20:00、
土曜17:00)、
日曜休
MAP P.9 B・C-3

おすすめレストラン

Kajsas Fisk シーフード

カイサス・フィスク

エスカレーターを降りてまっすぐ行くと見えてくるこのお店の看板メニューはフィッシュスープ135Kr。白身魚やエビ、貝類がたっぷり入ったスープをアイオリソースといただきます。パンとサラダだけでなく、なんとスープもお代わり自由！ 気軽にスウェーデン料理を楽しめるお店です。

1.お代わり自由なスープ屋さんはほかに知らない。 **2.**いつも地元の人々でにぎわっている。

kajsasfisk.se
11:00～18:00
(金曜19:00、土曜16:00)、
日曜休

代表的なスウェーデン料理と特徴

スウェーデン人にとってジャガイモは絶対に外せない主食です。メイン料理としてはもちろん、マッシュポテトやフライドポテトなど料理の付け合わせとしても、姿形を変えて必ずと言ってよいほど食卓に登場します。

また、寒さの厳しい気候もあり、保存のきく食べ物も多いです。ニシンやキュウリの塩漬け、国内でよく採れるリンゴンベリーのソースやジャム、クラッカー状のパン、クネッケブレッド（Knäckebröd）も定番です。味付けは全体的に塩気が強め。香りづけや臭み消しに、香草のディルもよく使用されています。

スウェーデンの代表的な料理が一度に楽しめるビュッフェ形式のスモーガスボード（Smörgåsbord）は、前菜からデザートまでをマナーに沿って順番に食べていきます。クリスマスやイースターの時期に提供するレストランも多くなるので、タイミングが合えばぜひ試していただきたいです。

Köttbullar

ショットブッラル

ミートボール

スウェーデン家庭料理の代表。グレービーソースをかけたミートボールを酸味のあるリンゴンベリーソースと一緒に食べます。キュウリの酢漬け、マッシュポテトも必須。学校給食から高級レストランにまで登場する、子どもにも大人にも人気のメニュー。

Lax

ラックス

サーモン料理

主にノルウェー産のサーモンを使っていって、ハズレも少ないです。グリルしてソースに絡めていただくグリラーデ・ラックス（Grillade Lax）や、ジャガイモとグラタンにしたラックスプディング（Laxpudding）も。燻製のスモークサーモン（Rökt Lax）や、砂糖や香辛料で熟成されたグラーバドラックス（Gravadlax）は、レストランだけでなくスーパーでも購入可能。

Stekt Strömming

ステクト・ストロミング

ニシンのフライ

カリッと揚げたバルト海のニシンにレモンをきゅっと絞っていただきます。香ばしい衣とふんわりやわらかい魚肉が最高においしい。マッシュポテトやリンゴンベリーソースと一緒に。見つけたら必ず注文するほどお気に入り。

Fisk Soppa

フィスク・ソッパ

フィッシュスープ

ダシの効いたスープに、サーモンやタラ、エビなどの魚介類がゴロゴロと入っています。トマトベース、クリーミーなもの、サフランが効いたものなどいろいろ。アイオリソースはお好みで。

Janssons Frestelse

ヤンソンス・フレステルセ

ヤンソンさんの誘惑

「菜食主義の宗教家であるヤンソン氏が、おいしそうな匂いに我慢できずつい口にしてしまった」のが名前の由来になったという説もある、代表的な家庭料理のひとつです。薄くスライスしたジャガイモと玉ネギ、アンチョビを何層にも重ね、生クリームをかけてオーブンで焼いたもの。主にクリスマス時期に食べます。

入り口を入るとすぐに大きなグリーンの植木。

Östermalm
エステルマルム

Restaurang Hantverket

レストラン・ハントヴァルケット

スウェーデン料理

職人技が光るレストラン

閑静な高級住宅地が広がるエステルマルム地区に佇むガラス張りのお店。入り口を入るとすぐ、センスの良い花がアレンジされた大きなテーブルがあり、おしゃれで活気ある空間に期待も高まります。

店名の「Hanverket」は職人の意味。大工、工芸の先生、インテリアデザイン会社の経営など、実にユニークな経歴を持つオーナーによる、細部にまでこだわったインテリアにも注目を。ていねいに仕上げられた美しい料理からも職人技を感じます。

日替わりのランチメニュー185Krには、キャニスターに入ったサラダとおいしいパンが数種類付いてきます。アラカルト165Kr～もあり。夜のカクテルバーでは、シェフおすすめの5品に合わせた厳選のカクテルのセット1650Krが人気です。目で、舌で、心で楽しめるとっておきのお店です。

1. やわらかいローストビーフ。醤油ベースのソースとパセリのマヨネーズが美味。 2. 日替わりランチは1種類のみ。料理に合うワインも添えたメニューが渡される。

3. 黒ミツとドライフルーツやナッツの入った甘いパンが後引くおいしさ。 4. 8人限定のバーカウンターでは、カクテルも楽しめる。 5. ランチ時は近くで働くビジネスマンの姿を多く見かける。

Sturegatan 15a
08 121 321 60
restauranghantverket.se
11:30～14:00、17:00～23:00（金曜24:00）、土曜（ランチなし）16:00～24:00、日曜休
MAP P. 9 B-4

Södermalm
セーデルマルム

Meatballs For The People

ミートボール専門店

ミートボールズ・フォー・ザ・ピープル

お肉が選べるミートボール専門店

　スウェーデンでもめずらしいミートボールの専門店。こだわりのオーガニック肉が牛、豚、羊、ヘラジカ、トナカイと揃っていて、私が好きなのはヘラジカ。しっとりとやわらかくてクセがなく、脂肪分が少ないのであっさりとしています。泡立ったグレービーソースを絡ませて、リンゴンベリーと一緒に。箸休めはキュウリの酢漬け。マッシュポテトもクリーミーです。

Nytorgsgatan 30
meatball.se
08 466 60 99
11:00～23:00(金・土曜24:00)、無休(季節変動あり)
MAP P.11 B-3

1.「スウェディッシュ・クラシック」195Krをヘラジカ肉チョイスで。
2.混み合う時間を避けるか、予約してから行くのがおすすめ。
3.クラシカルでフォトジェニックなレンガ造りの建物。

Södermalm
セーデルマルム

Wood Stockholm

コンセプトレストラン

ウッド・ストックホルム

1.「スポーツ」がテーマとなった時の店内のデコレーション。 2.スウェーデン流の「Chanko Nabe」。 3.やわらかいタコの煮込み料理。

テーマが変わる体験型レストラン

　こだわりの内装と、「ベトナム」や「電車」など8～10週間ごとに料理のテーマが変わるユニークなコンセプトのレストラン。アラカルトもありますが、少しずついろいろと試せる4皿コースもおすすめ。2人までならカウンター席へ。1人でもくつろげる、あたたかくて小さな空間です。革新的で味わい深い料理はもちろん、驚きの内装と心地よい音楽の三拍子揃った、五感で楽しめるお店。

Mosebacke Torg 9
08-36 93 99
woodstockholm.com
17:00～23:00、無休
MAP P.11 B-3

Gamla Stan
ガムラスタン

Tradition

トラディション

スウェーデン伝統料理

本格的な伝統家庭料理のレストラン

王宮のそばに佇むモダンなお店。観光地のど真ん中ながらも地元の人にも愛されているこちらでは、本格伝統家庭料理が味わえます。お得な平日ランチ165Kr～(11:30～14.30) はサラダとコーヒーがセット。伝統料理をまんべんなく試すなら、前菜と主食、デザートのセットメニュー530Krもおすすめ。旧市街の雰囲気を味わいながら安心して伝統料理を堪能できる居心地の良いお店です。

1.店名とは対照的なモダンなインテリア。**2.**「今週の肉料理」は豚バラ肉のスパイスロースト165Kr。**3.**ガムラスタンの中心部へと続く小道。

Österlånggatan 1
08 2035 25
restaurangtradition.se
11:30(土・日曜12:00)～Late、無休
MAP P.⑩ C-2

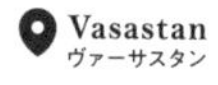

Vasastan
ヴァーサスタン

Dala Nisse

ダーラ・ニッセ

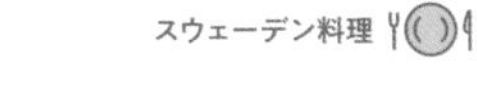

スウェーデン料理

地元で愛される懐かしい味で満腹に

店先をはじめ、店内の至るところに並ぶスウェーデンの伝統工芸品、木彫りの馬ダーラナホース。やさしいグリーンと木の温もりが醸し出すアットホームな雰囲気に、地元の人々が懐かしさを求めて訪れるお店です。ボリュームたっぷりで心も身体も満たされる料理は、満腹になること必至。ベジタリアンのメニューも充実しています。平日のみランチあり。小さなお店なので予約は必須です。

1.ピリッとスパイスが効いた具だくさんの魚介のスープ265Kr。**2.**前菜のヤギのチーズとサラダもボリューム満点。**3.**赤いダーラナホースが店内のあちこちに置かれている。

Vikingagatan 708 2035 25
08-33 55 75 dalanisse.se
16:30～23:00(金曜24:00)、土曜16:00～24:00、日曜休
MAP P.⑧ B-1

Vasastan
ヴァーサスタン

800 Grader

ピザ

オッタフンドラ・グラダー

アートで斬新なピザの店

「これはピザ屋なのか、ある種のアートプロジェクトなのか分からない」と店主が語るほど斬新な、薄くてクリスピーなこだわりピザのお店。メニューは4種類のみ155Kr～で、店舗や時期によって異なります。キノコやキクイモがのったものや、リコッタチーズに金柑の実がアクセントになっているピザなどとてもユニーク。普通のピザでは物足りない人におすすめです。

1.リコッタチーズと金柑、黒キャベツなどがのった「黒い馬」。**2.**店内で食べるなら塩気の効いたピザと一緒にぜひナチュラルワインも。**3.**2016年にできた1号店。セーデルマルムや店ではスライス購入できる48Kr～。

Sigtunagatan 17
0708 58 95 98　800grader.se
月・火曜17:00～22:00、
水～日曜12:00～22:00無休（季節変動あり）
MAP P.8 B-2

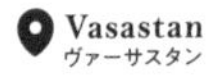

Vasastan
ヴァーサスタン

Lilla Ego

スウェーデン料理

リラ・エゴ

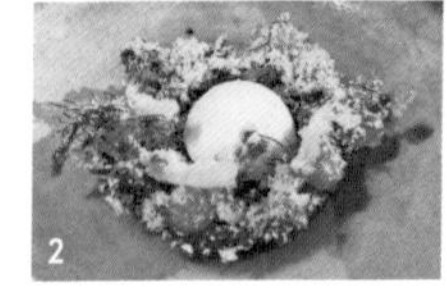

1.凝り過ぎないシンプルなインテリアの落ち着く店内。**2.**ワサビやダシ、ポン酢などを使い、和食のエッセンスも加えられている。

予約の取れない創作料理の店

2015年のオープン直後からすぐに予約の取れない人気店に。受賞歴のある2人のシェフが率いるアットホームな小さなお店です。一品一品の盛り付けが美しく、味はとても繊細で奥深い革新的なスウェーデン料理。お酒と一緒にいただくのがおすすめです。予約はなかなか取れませんが、バーカウンターの席であれば、当日入れることも。オープン時間よりも少し早めに行くと安心です。

Västmannagatan 69
08 27 44 55
lillaego.com
17:00～23:00、月・日曜休
MAP P.8 A-2

Kungsholmen
クングスホルメン

Maxos

マクソス

ファストフード

店主自慢の自家製ファラフェルとフムス

　ストックホルム市庁舎からほど近く、にぎやかな店内では笑顔でフレンドリーな店主が迎えてくれます。イートインも可能ですが、テイクアウトをして、市庁舎前の湖沿いのベンチに座って食べるのもいいですね。カリカリのファラフェルはもちろん、付け合わせのスイートポテトとカリフラワーのフライも美味。ベジタリアン、ヴィーガンの人にもおすすめです。

1.小さな店内は常に満席。テイクアウトをする人も多い。 2.ラムのソーセージにファラフェルとフムス、たっぷりのサラダが付いて145Kr～。 3.ランチ時は店先に人が並んでいる。

Scheelegatan 13
076 036 77 18
maxos-kungsholmen.se
11:00～15:00、土・日曜休
MAP P.8 C-2

Kungsholmen
クングスホルメン

Ragnars Skafferi

ラグナース・スカッフェリ

ビュッフェ

市庁舎で気軽にビュッフェランチ

　この界隈ではリーズナブルなスウェーデン家庭料理のお店。ビュッフェスタイルでありながら料理の味は本格的で、観光の合間にお腹が空いた時や、旅行中に不足しがちな野菜をしっかり採りたい時におススメです。日替わりのメインに、たっぷりのサラダ、パン、コーヒー付きで135Kr。運が良ければデザートが付くことも。

1.メイン料理のほかにたっぷりの野菜を使った副菜が充実しているのがうれしい。 2.毎週恒例「木曜日の豆のスープ」と肉料理。3.甘いお菓子とコーヒーでひと休みするのにもおすすめ。

Hantverkargatan 1
08 586 218 40
ragnarsskafferi.se
11:00～14:00、土・日曜休
MAP P.8 C-2

Skål

スウェーデンのアルコール事情

スウェーデン人は基本的には陽気にお酒を飲むのが大好き。普段物静かな彼らがお酒を飲むと急に陽気になる、なんて場面を見かけるかもしれません。ただ、19~20世紀頃にお酒による社会問題が数多く発生したことから、1955年より国が独占してアルコールの販売権を持つようになり、アルコール度数(ABV)3.5%以上は国営の酒屋「システムボラゲット(Systembolaget)」でしか購入できません(それ以下のアルコール度数のものはスーパーなどで購入可能)。ABVに応じて課税され、EUでは3番目にお酒が高いと言われているので、お酒を買うために海外に行く人々が多数いることも事実です。

システムボラゲットの営業時間は平日は19時、土曜は15時まで、日曜・祝日は休みと限定的なため、金曜やイベント前には長蛇の列ができることも。 MAP P.9 C-3

◎お酒を買う時やバーなどへ行く時は身分証明書を持参しましょう(スウェーデンの飲酒年齢は、レストランやバーでは18歳以上、購入は20歳以上)。
◎日本への持ち込みは、1本760ml以内のもの3本までは非課税。

おすすめのスウェーデン産アルコール

定番&クラフトビール

マリエスタード・エキスポート
Mariestads Export

スペンドルプス
(Spendrups)

スウェーデン大手のビール醸造所で造られている定番ビール。柑橘系のほのかなモルトの味わいで程よい苦みがある軽いラガービール。15.50Kr/330ml/ABV:5.3%

ゴッド・ラーゲル
God Lager

ニルス・オスカー
(Nils Oscar)

ストックホルムビールフェスティバルでいくつかの金メダルを受賞している醸造所。ハチミツやハーブがふんわりと香り、魚料理や野菜料理と相性が良い。21.90Kr/330ml/ABV:5.3%

ロー・イーパ・オーガニック
Råå Ipa Organic

ロー・ブリュワリー
(Råå Brewery)

スウェーデン南部スコーネ地方の漁村にある、オーガニックにこだわったブリュワリー。パイナップルや柑橘類のフルーティーな香りとIPAならではのホップのすっきりした苦みと後味が特徴的。肉料理と一緒に。27.40Kr/330ml/ABV:6%

パッション・プリーチャー
Passion Preacher

パンパン・ブリュワリー
(PangPang Brewery)

すべて手作業で醸造されるスウェーデンでもっとも小さな醸造所のひとつ。グーススタイルで酸味が効いたパッションフルーツのフルーティーなものや、IPAスタイルの苦みが効いたパイナップルやココナツフレーバーなど。パッケージデザインもかわいい。59.50Kr/330ml/ABV:6%

ワインとシードル

エッペルグロッグ
Äppelglögg

ヴィンファブリーケン
(Vinfabriken)

シナモンやカルダモンなどのスパイスが効いたリンゴのワイン。夏は冷たく食前酒に、冬はあたためてクリスマスのテーブルに。
65Kr/375ml/ABV:11%

トレ・アポー・シードル
Tr3 Apor Cider

エンジョイワイン&スピリッツ
(Enjoy Wine & Spirits)

見ざる言わざる聞かざるの3匹のおサルがかわいいTr3シリーズ。カシスとラズベリーが香るシードルなど、どれも飲みやすい。18.90Kr/330ml/ABV:4.5%

コッパルベリ・シードル
Kopparberg Cider

コッパルベリス・ブリッゲリ
(Kopparbergs Bryggeri)

洋ナシやイチゴ、ラズベリーなどフルーティーなシードルが人気。お酒が弱くてもジュースのように飲めてしまう。17.90Kr/330ml/ABV:4.5%

レコーデーリグ
Rekorderlig

オーブロ・ブリュワリー
(Åbro Brewery)

スウェーデンでもっとも古い家族経営の醸造所。ルバーブとレモン、ミントが入った「プレミアム・ボタニカル・サイダー」など、フルーティーなシードル。
14.90Kr/330ml/ABV:4.5%

ウォッカ

アブソリュート・ウォッカ
Absolut Vodka

アブソリュート・カンパニー
(The Absolut Company)

スウェーデンを代表する、クリアな味わいが人気のウォッカ。レモンやピーチ、マンゴーなど豊富なフレーバーラインナップを展開している。262Kr/700ml/ABV:40%

ジン

ピンク・ジン
Pink Gin

ストックホルムス・ブランネリ・ジン
(Stockholms Branneri Gin)

ほのかにルバーブの酸味を感じるピンク色のジン。ジュニパー、バラ、柑橘類の皮、リンゴンベリー、ルバーブのほのかなスパイシーな味わい。329Kr/500ml/ABV:40%

スナップス

オーガニック・スナップス
Organic Schnapps

スネレロッズ・オングブレンネリ
(Snälleröds Ångbränneri)

ウォッカをさまざまな香草で味付けした「スナップス」。なかでも人気の高いアクアビット3種を含む5種の小さなボトルセットはおみやげに最適。152Kr/50ml×5種類/ABV:38.8%

ウィスキー

スヴェンスク・ロック
Svensk Rök

マックミラー・スヴェンスク・ウィスキー
(Mackmyra Svensk Whisky)

イェブレ(Gävle)にある国内で数少ないウィスキー蒸留所で醸造。窯にジュニパーを加えたスパイシーでスモーキーな味わいが特徴。スウェーデンの食材のみを使用している。シングルモルトウィスキー51.9Kr/700ml/ABV:46.1%

Södermalm
セーデルマルム

Omnipollos Hatt

オムニポロス・ハット

革新的なクラフトビールとピザの店

若き醸造家ヘンリックさんと人気デザイナーのカールさんが、これまでのビールの概念を覆すような革新的ビールを目指して立ち上げたオムニポロ。パッと目を引く斬新なパッケージデザインと、想像を超えたビールの味は、世界中のファンを魅了しています。なかでもシャンパン酵母にフルーツやベリーを使った一杯は、甘い香りと爽やかな酸味でジュースのような飲みやすさ。私のようにビールが苦手な人も楽しめる新しい感覚のビールです。

もうひとつ見逃せないのが、アートな窯で焼いた自家製絶品ピザ。私のお気に入りは、ポテトとアンチョビ135Kr～ですが、ほかにチーズとキムチがトッピングされたものや、アプリコットとチリがミックスされたユニークな味も試してみて。

1. 普通のビールが苦手な人にこそ、ベリー系を試してみてほしい。 **2.** チリ風味のトマトソースにパンチェッタとアプリコットの甘みが絶妙なピザ137Kr。 **3.**「ハット」はカールさんがパートナーとなっているピザ屋「Pizzahatt」が由来。 **4.** 地下鉄スルッセン駅から徒歩約5分の店舗。屋外席も人気。

Hökens gata 1A
076 119 48 44
omnipolloshatt.com
12:00～25:00、無休（季節変動あり）
MAP P.11 B-3

Vasastan
ヴァーサスタン

Savant Bar

サヴァント・バー

ワインバー 

小さな店内には、おいしいものが詰まっている。

世界のナチュラルワインが集まるバー

2018年にオープンした小さなお店は、オーナーのナチュラルワインへの愛と情熱にあふれたワイン好きが集まる場所。オーナーのお眼鏡にかなった500種類以上ものナチュラルワインがリストアップされています。ワインのみならず、季節の野菜を使った料理もはずせません。オーガニックやスウェーデン産にこだわり、素材のうまみや甘みをていねいに引き出した料理とワイン、両方楽しめるお店です。

店内の席数は少なめで基本的に予約不可なので、複数で行くなら2〜4名の利用可能で予約ができる「Chefs Table」がおすすめ。ワインに合わせた料理にコーヒーが付いて1500Kr。夏場はテラス席が設置されるので、屋外で楽しむのもいいですね。2024年初夏には、2号店もオープン予定です。

1. ローストされたキャベツとジャガイモや根菜が入ったクリームスープ100Kr。絶品! **2.** かわいいピンクにグリーンの鳥が目印の看板。 **3.** ワインのセレクションには定評あり。

Tegnérgatan 4
076 609 86 07
savantbar.se
12:00(日曜13:00)〜23:00、土曜13:00〜23:00、無休(季節変動あり)

MAP P. 9 B-3

Södermalm
セーデルマルム

Teatern

テアーテン

フードコート

開放感のある天井からは植物の緑と太陽の光がふり注ぐ。

有名シェフの味が勢揃い

2015年にオープンした、ショッピングモール「リンゲン(Ringen)」の一角にあるフードコート。劇場を意味する名前の通り、コンサートホールのような階段で食事がとれます。ここはスウェーデンのグルメ業界の先端にいる有名シェフと人気パティシエたちの味を気軽に食べられる、ちょっと特別な場所。

ノーベル賞晩餐会のデザートやヴィクトリア皇太子夫妻の結婚式のデザートを担当したパティシエのケーキ、有名店での経験や受賞歴が多いシェフのピザやファラフェル、インド料理などのほか、ミシュランシェフによる革新的なラーメンが食べられるお店も。肩ひじ張らずにおいしいものを食べたい時にぴったりで、SoFoエリアからもほど近いので、買いもの後の少し遅いランチなどにもおすすめです。

1. ノーベル賞晩餐会を担当したパティシエのケーキが食べられる。 **2.** ボリュームたっぷり。グリルしたチキンのバーガーとポテト。 **3.** スパイスとパクチーが効いたスウェーデン風のラーメン145Kr~。

Götgatan 100
ringencentrum.se
11:00~21:00 (金・土曜22:00、日曜20:00)、無休
MAP P. 11 C-3

スウェーデンで泊まる

スウェーデンへ来ると決まったら、どこに滞在するかというのは旅の楽しさを左右する大切なポイント。目的に合った滞在方法で、より楽しく快適な旅にしたいですね。下のチャートを参考に選んでみてくださいね！

START

今回がはじめてのスウェーデン旅。市内の観光がメインで、ギュッと予定を詰め込みたい！

YES → A

NO ↓

今回が2〜3回目で、もう少し市内に住んでいるスウェーデン人の生活を覗いてみたい、日常を体感してみたい！➡Bへ
長めの滞在で滞在費を抑えたい！➡Cへ
時間にも心にもゆとりがあって、暮らすように旅をしてみたい！➡Dへ

A

空港や駅へのアクセスが良く、朝食付きの便利な市内のホテルがおすすめ！

例 ➡ **P.96、97、98、99、100上**

B

ローカルのホテルや、市内の民泊※を利用してみるのもあり！

例 ➡ **P.133、145下**

C

少し郊外の広めでゆったりしたキッチン付きのアパートメントホテルがおすすめ！

例 ➡ **P.100下**

D

ストックホルム近郊の町へ遊びに行くなら、民泊かB&Bを利用して1泊してみては？ローカルのサマーバケーション気分を味わえるかも！

例 ➡ **P.147**

民泊について

※民泊はAirbnbで気軽に利用できます。日本語サイトもあるので便利。airbnb.jp/stockholm-sweden/stays
アカウントを作成して、行きたい都市を入力し、立地や条件、評価などをチェック（もっとも大事なポイントです!）。
希望に合うところをピックアップし、チェックイン/アウトの日付、人数を入れて「予約」をクリック（事前支払い）したら、ホストとメールで連絡します。
・予約時は、チェックインの時間帯や返金キャンセルポリシーを確認。
・オーナーに質問を投げて、アクセスとチェックインの方法、最寄りのバス停や駅名の確認は明確に。
・その他分からないことは積極的に質問しておきましょう。
※Airbnbとは、空き部屋を貸したい人と借りたい人をマッチングさせるプラットフォーム。

Norrmalm
ノルマルム

Haymarket by Scandic

デザインホテル

ヘイマーケット・バイ・スカンディック

最高の立地でレトロ映画の世界に浸る

目の前はノーベル賞授賞式が開催されるブルーのコンサートホール、すぐ横にはヒョートリエット市場があり、ショップが建ち並ぶクングスガータン沿いという、買い物好きな女性にとっても最高の立地にあるホテル。地下鉄駅も近く、ガムラスタンや市庁舎などの観光名所にも歩ける距離にあります。

建物は1920～30年代のハリウッドで活躍したストックホルム生まれの女優グレタ・ガルボが有名になる前に働いてたデパート「PUB」として使われていたもので、2016年5月にオープン。アールデコ調のレトロでゴージャスな雰囲気で、館内はカフェ「グレタス」、カクテルバー「アメリカイン」、ブラッセリー「ポールズ」などの洗練された飲食店のほか、ミニシアターなども併設されています。部屋は決して広くはありませんが、クラシカルな映画好きの方には雰囲気に浸れるたまらない場所。日曜日はホテル前の広場で蚤の市（P.54）が開催されます。蚤の市狙いの人にもとてもおすすめです。

Hötorget 13-15
08 517 267 00
scandichotels.com/hotels/sweden/stockholm/haymarket-by-scandic
1,067Kr（ダブルルーム、窓なし、朝食付き）～／全401室
MAP P. 9 B-3

1.館内と統一のスモーキーピンクの外観。 2.セルゲル広場まで数分で行ける距離がうれしい。 3.クラッシックな映画のワンシーンを彷彿させるロビー。 4.毎週木曜にジャズバンドの演奏楽しめるカクテルバー。

スモーキーピンクとブルーを基調にモノクロラインがポイントとなったユニークな内装。

5.ディテールにもこだわったバスルーム。**6.**シャワーやアメニティもスモーキーピンクで統一。

Norrmalm
ノルマルム

Hotel With Urban Deli

デザインホテル 

ホテル・ウィズ・アーバン・デリ

コーヒーを飲んだりPC作業したりできる吹き抜けスペース。上は人気レストラン「アーバン・デリ」。

トレンディで居心地の良い街中ホテル

人気レストラン「アーバン・デリ」に併設されたとびきりおしゃれなホテル。徒歩圏内に市立図書館をはじめ、地下鉄の駅やカフェ、ショップもたくさん揃っている最高のロケーションです。街歩きも観光もばっちり楽しめます。

客室エリアはすべて地下なので部屋に窓はありませんが、Wi-Fi環境は抜群です。大きくてふかふかのベッドでぐっすり眠れることも間違いなし。バスルームとの仕切りの壁が磨りガラスになっているので、1人で、または気の置けない相手との宿泊がおすすめ。部屋にミニバーはありませんが、フロント横にあるバーで、コーヒーや紅茶を無料でいただけます。

開放的なロビーの椅子に座ってくつろぐのもおすすめです。お酒好きの人はぜひ屋上の見晴らしの良いルーフトップバーへ。

page 98

1.ベッドは広々としてぐっすり眠れるクイーンサイズから。**2.**カラフルなドアとおしゃれなインテリアで地下でも明るい。**3.**種類豊富でおいしい朝食ビュッフェ。ヘルシーなチアプディングもおすすめ。

Sveavägen 44
08 30 30 50
hotelwith.se
995Kr(クイーン、窓なし、朝食付き)~
／全106室
MAP P. 9 B-3

Norrmalm
ノルマルム

Scandic Continental

シティホテル

スカンディック・コンチネンタル

ストックホルムの街並みが見渡せる11階のサンデッキ。

ひとり旅の女性も安心のロケーション

ストックホルム中央駅すぐの旅行者にとって抜群の立地にある、シンプルモダンで洗練されたホテル。空港からアーランダエクスプレスに乗れば、ホテルは目と鼻の先。スウェーデンへの旅がはじめての人や、ひとり旅の女性にとくにおすすめ。

客室にミニバーはありませんが、フロント横にあるショップで24時間いつでも飲みものや軽食などを購入できます。冷蔵庫の無料貸し出しもある（数に限りあり）ので、事前に予約しておくと安心です。夏季は自転車を借りることもできます。自転車でまわる夏のストックホルムはとても気持ちいいですよ。8階のルーフトップバーや11階のサンデッキからはストックホルムの素晴らしい絶景が望めます。旅の疲れを癒しに地下1階にあるジムやサウナを利用してみては？

1. 北欧らしいシンプルで落ち着いたインテリアの客室。 **2.** 週末にはDJも入る8階のルーフトップバー「キャピタル」。14:00〜24:00（金・土曜25:00、日曜21:00）、無休

Vasagatan 22
08 517 342 00
scandichotels.se/hotell/sverige/stockholm/scandic-continental
1,057Kr（シングル、窓なし、朝食付き）〜／全392室
MAP P. 9 C-3

Norrmalm
ノルマルム

At Six

アット・シックス

デザインホテル

モダンで高級感漂うデザインホテル

　ラグジュアリーな気分を味わってみたい、という人におすすめの高級5ツ星ホテル。アクセス抜群の街の中心地にあります。入るとすぐに大きなオブジェがある近代的なインテリア。洗練されたアートの空間を楽しめます。15階建ての高層階には街を一望できるバルコニー付きの部屋も。スタッフはフレンドリーでプロフェッショナル。ラウンジでは週に数回、音楽イベントが行われることも。

Brunkebergstorg 6
08 578 828 00
hotelatsix.com
1,695Kr（キングまたはツイン、朝食別）～／全343室
MAP P. 9 C-3

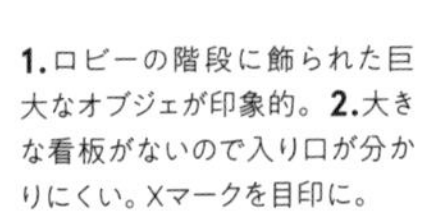

1. ロビーの階段に飾られた巨大なオブジェが印象的。 2. 大きな看板がないので入り口が分かりにくい。Xマークを目印に。

Hammarby Sjöstad
ハンマルビー・ショースタッド

Biz Apartment Hammarby Sjöstad

アパートメントホテル

ビズ・アパートメント・ハンマルビー・ショースタッド

暮らすように旅をする

　長期で滞在する人や、ローカルの気分を味わいたい人におすすめしたいのが、アパートメントホテル。部屋は広めで、冷蔵庫や電子レンジ、トースターなどを備えたキッチン付きなので、デリで買ったお惣菜をあたためたり、パンを焼いたりすることができます。何よりこのエリア、スーパーや駅だけでなくおしゃれなカフェやレストランがたくさんあってとても良いロケーションです。

1. シンプルに小ぎれいで静かなロビー。 2. 近くのハンマルビー・アレー沿いにはレストランやスーパーが充実している。

Heliosgången 20
08 128 120 05
bizapartmenthotel.se/hammarby-sjostad
875Kr（スタジオ、朝食別）～／全168室
MAP P. 11 C-4

ストックホルムからの日帰り旅

Utflykter från Stockholm

ストックホルムからの日帰り旅 1

スウェーデンが誇る陶磁器の町

Gustavsberg

グスタフスベリ

ストックホルム郊外、ヴェルムデ島に位置する町グスタフスベリの湾岸沿いに、見どころがぎゅっと詰まった港エリア「グスタフスベリ・ハムン（Gustavsberg Hamn）」があります。

スルッセン（Slussen）からバスに揺られて20～30分。「Gustavsberg Hamn」と書かれた門をくぐると見えてくる、ぎざぎざの赤いレンガ造りの建物とウォーターフロントに並ぶ数々のヨット。ここに、陶磁器ブランド「グスタフスベリ」の歴史が垣間見られる陶磁器博物館、アウトレット品も扱う工場の直売所、日本でも人気の高いリサ・ラーソンの工房、イッタラ・アウトレットにアンティークショップ、そしてカフェやレストランなどが点在しています。

タイミングが合えば、不定期に開催される蚤の市やイベントもぜひ！ 夏季は、北欧の風を感じながら行くクルーズ船を利用するのもおすすめです。

ストックホルムからのアクセス

スルッセン・バスターミナルより474番ヘメスタ（Hemmesta）またはモンヴィック（Mölnvik）行きバスで20~30分、ヴァッテンユーレット（Vattenhjulet）下車すぐ（SLカード使用可能）。

夏季のみ

ラディソン・コレクション・ストランド・ホテル側のニーブロカイエン（Nybrokajen）より2時間（往復265Kr~）／stromma.com/en-se/stockholm/excursions/day-trips/gustavsberg

天気の良い日は散歩だけでも気持ちいい場所。

イベント情報をチェック！

工場見学もできる「陶磁器の日（Porslinsdag）」（8月下旬）のほか、夏季の週末蚤の市やフェスティバル、クリスマス時期のクリスマスマーケットなどさまざまなイベントが不定期で開催されています。詳細はグスタフスベリ・ハムンのHPやインスタグラムを事前にチェック！ gustavsbergshamn.se/kalende www.instagram.com/gustavsbergshamn

アンティークショップの出品商品にはリサ・ラーソンの作品がずらり。

1. リサ・ラーソンの工房ではアウトレット品を販売していることもある。**2.** スウェーデンモダニズム芸術の父と言われるウィルヘルム・コーゲが発足したG-Studioの看板。年に数回、一般向けにオープンスタジオを開催している。**3.** まずは地図を見て行きたいスポットを確認してからまわるのがおすすめ。**4.** 夏季に開催される蚤の市。一般出店者の出品物のレベルも高い。

グスタフスベリ陶磁器博物館の前では不定期に蚤の市も開催される。

2

3

4

Gustavsberg
グスタフスベリ

Gustavsbergs Porslinsmuseum

博物館

グスタフスベリ陶磁器博物館

有名デザイナーの作品が勢揃い

グスタフスベリ社の工場だった建物を利用した陶磁器博物館。グスタフスベリで活躍したアーティストに関する充実の展示が常時見られます。2階には1825～1993年に製造されていたスティグ・リンドベリをはじめとする名デザイナーたちの作品を展示。ファンにはたまらない品揃えです。国立美術館の一部なので、アプリやオーディオガイドなどで前知識を入れてから訪れるとより楽しめます。

Odelbergs Väg 5
08 519 543 00
gustavsbergsporslinsmuseum.se
11:00~17:00（土・日曜16:00）、月曜休（季節変動あり）
入館料:大人50Kr～（時間帯変動あり）
オーディオガイドアプリ（Nationalmuseum Visitor Guide）
MAP P.6 C-1

1. 1800年代後半に作られた華やかな装飾の壺。**2.** レンガ造りの建物とアーチ窓が絵になる入り口。**3.** ミュージアムショップにはリンドベリデザインのベルサグッズなどが並ぶ。

Gustavsberg
グスタフスベリ

Gustavsbergs Porslinsfabrik

雑貨・インテリア 

グスタフスベリ工場直売所

1. リンドベリの代表作品ベルサ（Berså）がアウトレット価格。**2.** 1974年のリンドベリ作品トゥールトゥール（TurTur）シリーズの復刻版も勢揃い329Kr～。

Chamottevägen 6
gustavsbergsporslinsfabrik.se
08 570 369 00
11:00~18:00（土・日曜17:00）、無休
MAP P.6 C-1

アウトレット価格で名作復刻版を

かつて工房として使用されていた場所で、現在はスティグ・リンドベリの作品を中心に復刻版やB級品をアウトレット価格で販売しています。オリジナルのヴィンテージ商品に比べるとお手頃価格がうれしい！　ただ、商品のクオリティはピンキリなので、目を凝らして隅々まで確認が必要です。

アウトレット品のほか、リサ・ラーソンの作品や、北欧雑貨、リンドベリデザインのテキスタイルの量り売りも。

2024年5月現在、一時的に工事中。同敷地内の別店舗にて営業しています。

Gustavsberg
グスタフスベリ

Iittala Outlet

アウトレット

イッタラ・アウトレット

北欧ブランド食器の掘り出し物探し

食器好きは興奮が止まらないアウトレット。アラビアやロールストランドを含むイッタラグループ製品の掘り出しもの探しに最適なスポットです。正規品がセール価格になっているほか、ヴィンテージセクションはセカンドハンドショップなどに近い価格帯です。奥の売り切り商品（Sista Chansen）コーナーも要チェック。難あり商品にはB級品（2a Sortering）の印があるので、状態の確認を忘れないで。

1. オレンジのシールは、お買い得商品。 **2.** ARABIAのムーミンマグが50%オフ。 **3.** オイバ・トイッカのイッタラバード4089Kr/2セット。

Tyra Lundgrens väg 23
0 8 570 356 55
iittala.com/sv-se/footer/iittala-outlet
10:00〜18:00、無休
MAP P.6 D-1

Gustavsberg
グスタフスベリ

Deli Verkstan

デリ

デリ・ヴァークスタン

1. オリジナルの木製カッティングボード。 **2.** お弁当を買って、外で食べるのも気持ちいい109Kr〜。

クオリティの高さに定評のあるデリ

通常のスーパーでは見かけないような高級食材や海外からの輸入品に加え、こだわりの食材から作る自家製お弁当も買えるデリ。あらかじめウェブからメニューを確認して注文しておくこともできます。気持ちの良い湾岸できれいな景色を見ながらのピクニックランチもいいですね。お土産にぴったりのスウェーデンの木製スプーンやバターナイフ、チョコレートなどもチェックしてみて。

Odelbergsv 3, Gustavsberg
08 570 242 46
deliverkstan.se
10:00〜19:00（土曜18:00）、
日曜祝日12:00〜16:00、無休
MAP P.8 C-1

Gustavsberg
グスタフスベリ

Café Tornhuset

ベーカリーカフェ

カフェ・トーンフーセット

パンがおいしいくつろぎの場所

かつて船の待合室にもなっていたレンガ造りの建物に王冠がのった金色のプレッツェルが目印。買いもの途中の休憩やランチの場としてもお気に入りの場所です。私のおすすめは、チキンとスモークサーモン、チーズのサンドイッチ。この界隈で有名なパン職人のおいしいパンにボリュームたっぷりの具が入って満足感も高め。夏場は断然、湖の景色が良いテラス席へ。太陽の光を浴びて北欧の夏を感じてください。

1. 夏場のテラス席は、太陽の光を楽しむ人たちでにぎわっている。 **2.** 人気ベーカリー、デリセリウス(Deliselius)の甘いパン36Kr~もおいしい。

Odelbergs Väg 8
08 570 300 50
delselius.se
9:00~18:00(土曜17:00)、日曜10:00~17:00、無休
MAP P.6 C-1

Gustavsberg
グスタフスベリ

Cafe Villagatan 1

カフェ

カフェ・ヴィラガータン1

1. テーブルには常に生花が飾られている。 **2.** ショーケースにはアネットの手作りお菓子が並ぶ35Kr~。 **3.** 一軒家の前にたてられた看板が目印。

花に囲まれた癒しのガーデンカフェ

1875年建築の自宅でカフェを営むアネットさんとアンデッシュさん。材料にこだわって丁寧に作られた手作りお菓子やランチを癒しの間でいただけます。おすすめは、表面はカリカリ中にはたっぷりフルーツが入ったルバーブパイ、自家製レモンカードとイタリアンメレンゲをベリーで風味付けしたタルト、アジアンサラダなど。営業日が限定的なので要チェックです。

Villagatan 1, Gustavsberg
073 923 28 96
instagram.com/villagatan1
金・土・日曜11:00~18:00、月~木曜休
MAP P.6 D-1

Gustavsberg
グスタフスベリ

Jetsons Design

アンティーク 

イエットソンス・デザイン

満足度の高いアンティークショップ

グスタフスベリへ行くなら、必ず訪れてほしいアンティークショップ。オレンジ色の建物に、ゴールドの看板が目印。グスタフスベリ製ヴィンテージやリサ・ラーソンの作品を筆頭にその品揃えの良さはもちろんのこと、コンディションにも細心の注意を払ったカップやプレート、フィギュアなどが豊富に並んでいます。美しい陳列にもオーナーであるマグナスさんの細部へのこだわりが感じられます。夏季は毎日のように開店していますが、冬季は限定的なので事前に確認しておくと安心。同じ建物内にはリサ・ラーソンの工房もあります。

マグナスさんは、グスタフスベリで不定期に開催される蚤の市のみならず、ストックホルム近郊の大きな蚤の市の取り仕切りもしているので、興味がある人は聞いてみて。

美しい陳列方法にも注目してみて。

Odelbergsväg 5d
070 058 8603
jetsons.se
金・土・日曜12:00~15:00
月~木曜休
MAP P.6 C-1

美術館のように見ているだけでも楽しめるお店。

1.アンティークショップとリサ・ラーソンの工房は同じ入り口。2.リサ・ラーソンの品ぞろえも抜群。3.旅の思い出にヴィンテージのカップ&ソーサーはいかが?

Gustavsberg
グスタフスベリ

Våffelmakeriet & Second Hand

カフェ／セカンドハンド 

ヴォッフェルマケリエット＆セカンド・ハンド

ほの暗い灯りと、スウェーデンらしいインテリアがとても落ち着く店内。

アンティークな一軒家でワッフルを

イッタラ・アウトレットから10分ほど歩いた緑豊かな場所にある隠れ家的一軒家。古い映画のワンシーンのような雰囲気のなかで、かわいい雑貨とおいしいワッフルを一度に楽しめる贅沢なイチオシのお店です。

大きな栗色の扉の向こうは親戚の家のようなアットホームな空間。窓際のガラスの置物や花柄の陶板など、店内に飾られた雑貨や家具の多くが購入可能なセカンドハンドショップでもあります。エビや生ハムなどの食事ワッフルから、ジャムやクリームのデザートワッフルまで種類が豊富。夏場はハンモックがある裏庭の広いガーデンのテーブルがおすすめ！ 肌寒い日には暖炉の炎が揺れる店内でゆったり癒されて。お店の前の古い教会では、週末にアンティークショップが開かれていることも。

Skärgårdsvägen 14
070 401 38 09
www.facebook.com/vaffelmakeriet
11:00～17:00、月～水曜休
MAP P.6 C-2

1.店内に飾られた雑貨は、お気に入りが見つかれば購入できる。 **2.**甘～いフルーツのワッフル79Kr～。 **3.**スウェーデンらしさがあふれる植物の壁紙と壁のデコレーション。

Gustavsberg
グスタフスベリ

Modern Art STHLM

雑貨 

モダン・アート・ストックホルム

マグナスさんの良いものへのこだわりとセンスが光る空間。

北欧ヴィンテージのカリスマのお店

グスタフスベリのアンティークショップ（P.107）と同オーナー、マグナスさんのお店。赤煉瓦の古い教会の重いドアを開けると中には、マグナスさんのお眼鏡にかなったものだけが集められた、カラフルで遊び心満載のおもちゃ箱みたいな世界が広がっています。有名デザイナーたちの家具や照明、インテリア雑貨がセンス良くコーディネイトされていて、詳しいことを知らなくても十分に楽しめる空間。古いレコードのコレクションも圧巻です。近年、パターンデザイナー、カール・ヨハン・デ・ギア（Carl Johan De Geers）とのコラボで制作したウールラグの生産も開始されました。営業日が限られているので、事前に確認しておくのをお忘れなく。左ページのワッフル店はお隣なので、あわせて訪れるのもいいですね。

Tallåskyrkan, Skärgårdsvägen 14
070 058 8603
modernart-sthlm.myshopify.com
土曜のみ12:00~15:00、日~金曜休
MAP P. 9 C-2

1. 中にはスウェーデン国外から仕入れた商品もある。 **2.** 数量限定販売となる、パターンデザイナーとのコラボのマットレス。 **3.** 鮮やかな赤のテーブルクロスはマリメッコのウニッコ柄。 **4.** 日本のTV番組にも出演したことのあるオーナー、マグナスさん。

Gustavsberg
グスタフスベリ

Artipelag

アーティペラグ

美術館

自然とアートが融合した美術館

ストックホルム中心部からバスで30分ほど、グスタフスベリの博物館からはバスで20分ほどのウォーターフロントの眺めの良い場所にある現代アートの美術館。22ha（東京ドーム約4.7個分）もの広大な敷地には、ヨハン・ニーレン（Johan Nyrén）の設計により、ありのままの自然を生かした繊細な形で建物や散策路が配置されています。本館には白を基調とした開放的なホールもあり、ところどころにアクセントとなっている北欧インテリアが素敵。彫刻や写真など幅広いアートの特別展示（有料）も期間限定で開催されています。

森の散歩道にもアートが点在していて、それを探しながら歩くのも宝探しのようにわくわくします。テラスが最高のカフェや、週末限定の最上階にある見晴らしの良いレストランもあり、のんびり過ごしたいスポットです。

1.セダムや苔で覆われたギャラリーの屋根の上には、今にも飛び降りそうな子どもの彫刻。**2.**大きなガラスの壁面を通して建物の向こう側の海まで見えるメインエントランス。**3.**2023年のノーベル賞晩餐会を担当したパティシエのケーキが食べられる。**4.**巨大な岩盤を生かしたカフェ。店内にも岩盤がある。自然のなかにさりげなくアートが。

Artipelagstigen 1　08 570 130 00　artipelag.se
特別展示:200Kr～（敷地内への入場、
カフェやデザインショップのエリア、散策路などは無料）
11:00～17:00、月・火曜休
◎月曜以外1日2本シティ・ターミナルから直通バスが運行。
片道50Kr/30分。詳細→artipelag.se/en/visit-artipelag/travel-by-bus-to-and-from-artipelag
◎スルッセン・バスターミナルより474番へメスタまたはモンヴィック行きのバスでヴァームドマークナド（Värmdömarknad）下車（ここから3.5kmなので徒歩でもアクセス可能）。道路の反対側のバス停より468番ホールッデン（Hålludden）バスで終点下車。

MAP P.6 B-2

心地よく暮らすヒントになる2つの言葉

言葉にはその国の文化や国民性が色濃く反映されるように、スウェーデンにも「スウェーデン人らしい」言葉があります。言葉が持つ意味を考えてみると、自分にフィットする暮らし、自分らしく幸せに生きていくヒントが見えてくるかも。

Mysig

ミューシグ

Vad mysigt!

（あぁ、なんて心地いいの！）

心と身体が満たされて心地よいと感じた時に、うっとりした表情で使われる言葉。空間や時間、アイテムなどに対して使います。心がふわっと安らいで、穏やかでやさしいぬくもりに包まれるような心地、うっかり見落としそうなささやかな幸せをぎゅっと噛みしめるような「ミューシグ」な感覚をスウェーデン人はとても大切にしています。

「ミューシグ」な場面は、日常のあらゆるところに隠れています。寒い朝に淹れたてのコーヒーの湯気が白くふわふわしている様子。暖炉のパチパチという音を聞きながら灯を見つめている時。春の陽だまりの心地よい陽気。仕事の合間にほっとひと息お気に入りのお茶を啜る時間。寒い日にあたたかい毛布に包まれてぬくぬくしながら本を読む空間。目を閉じて耳を澄ますと聞こえる森の小鳥のさえずりや水のせせらぎ。

見よう、感じようとしなければ簡単に見逃してしまうような日々の場面。自分は何が好きで、どんな状態を心地よく感じるのかが分かっていれば、ストレスフルな時にもうまく自分をリセットすることができます。

Lagom

ラーゴム

Lagom är bäst !

（ほどほどがいちばん！）

スウェーデンのライフスタイルに息づく、とてもスウェーデン人らしい概念です。多すぎず少なすぎず、大きすぎず小さすぎず……適度にバランスの取れた丁度いい塩梅。完璧は求めず、自分にとって必要な分だけ、無理のない範囲で。少し余白を残した心穏やかな状態、それがラーゴムです。厳しい気候のなかで暮らしてきたからこそ、与えられた環境で自分にとって丁度よい幸せを感じられる方法を自然と身につけてきたのでしょうか。そして、自分にとって"丁度良い"を知ることは、他者にも必要な分を残すという、社会のバランスにつながっているのかもしれません。

人付き合いにおいてもそう。他人を自宅に招くことが多いスウェーデンでは、急に「今日うちで晩御飯食べる?」と誘われることも日常茶飯事。招かれれば手みやげが気になり、招くとなるとつい普段よりも頑張り過ぎる傾向がある私は、数日前から心の準備をします。でもスウェーデン人は必要以上にもてなすよりも、お互いが心地よくコミュニケーションをとることを大切にしています。それが無理のない、持続可能な関係を築いていく秘訣なんですね。

「ミューシグ」を感じる時間が多ければ多いほど、ストレスは溜まりにくいのかもしれません。

ストックホルムからの日帰り旅 2

童話のようにかわいい町

Mariefred

マリエフレッド

グリップスホルム城内は王侯貴族の肖像画が数多く展示されていて見学できる。
©Stockholm Country Break

木造のカラフルな家々が並び、目に映るものすべてがかわいらしくて趣のある町並み。日帰りでも十分に満足できるサイズ感です。町のシンボル、メーラレン湖から望むグリップスホルム城（Gripsholms Slott）の絵本のようなイメージそのままに、メインストリートには雑貨やチョコレートのお店、カフェなどが建ち並んでいます。景色を楽しみながらのんびり散策してみて。夏場は船のツアーや、SL（蒸気機関車）も運行しています。行きと帰りでルートを変えてみるのも楽しいですね。SLはお菓子の城と呼ばれるタキシンゲ城まで走っています。

ストックホルムからのアクセス

ストックホルム中央駅よりSJエスキルストゥーナ（Eskilstuna Centralstation）行きで約40分のレッゲスタ駅（Läggesta Station）で下車（片道159Kr）。そこから303番ストレングネス・ヴァーサスコーラン（Strängnäs Vasaskolan）行きのバスに乗り換え、マリエフレッド・ハンマーレンゲン（Mariefred Hammarängen）下車。約1時間。sj.se

◎夏季はレッゲスタ駅よりSLが運行（片道130Kr）しており、15分でマリエフレッド着（ストックホルム中央駅からは約1時間10分）。運行日と時間（1日5本ほど）はHPで要確認➡oslj.nu/sv-SE

夏季のみ

市庁舎のすぐ近くにある船着場クラーラ・メーラシュトランド（Klara Mälarstrand）より約3時間半（片道340Kr）。チケット購入➡mariefred.info/timetable/?lang=en

1.雑貨店やカフェ、チョコレート店など小さなお店が並ぶメインストリート。 **2.**「Pax」という冒険小説の舞台にもなった図書館。 **3.**かわいいインテリア雑貨がいっぱい。メインストリートのお店「ヤナーシュ・ルム」。 **4.**歩いていて楽しいお店がたくさん!

Mariefred
マリエフレッド

Café Blå Katten

カフェ 

カフェ・ブロー・カッテン

青い猫が目印のアットホームなカフェ

歴史ある街並みに溶け込むように、メインストリートの角に佇むカフェ。トレードマークの青い猫が迎えてくれるアットホームなお店です。

自家製の甘いお菓子とコーヒーでのんびりフィーカを楽しむのも良し。エビたっぷりのスウェーデン式オープンサンドやサラダなど、軽食を味わうのもおすすめです。夏にはアイスクリームとワッフルのキオスクも開店し、心地よいガーデン席でのひと時が楽しめます。

1.イベント時はにぎやかにデコレーションされる店内。 **2.**店名となっている青い猫。 **3.**たっぷりのエビやサーモンがのったオープンサンド。

Kyrkogatan 11, Mariefred
0159 121 10
Instagram @cafeblakatten
9:00〜17:00(火16:00)、
土・日曜10:00〜16:00、
月曜休、無休
MAP P.7 A-4

Rakstugan Kök & Bar

ラックストゥーガン・ショック&バー

1

2

3

スウェーデン流タパスを楽しむ

メイン通りから1本入った細い路地沿いに佇む赤い小さな家。小窓のついた扉の奥はいつもお客でにぎわっています。ここは、スペインのタパスのように、スウェーデンの小皿料理とおいしいお酒が楽しめるレストラン。ひと皿のボリュームが少なめなので、いろんな味を試せるのがうれしい。何を食べてもハズレはありませんが、まずは1人2皿ほどを目安にオーダーして、お腹と相談しつつ追加していくのがおすすめです。お酒はワインからウイスキー、ウォッカ、地元のメーラダーレン・ブリューイング（Mälardalen Brewing）のクラフトビールまで揃っています。お酒好きにはとくに満足感の高い店。夏場は斜向かいにあるテラス席をキープして。店内席を希望する場合は予約が必須です。

1. ラムソーセージにピクルスとサラダの盛り合わせ72Kr。クラフトビール82Krと一緒に。 **2.** マリエフレッドでいちばん小さなレストランと言われている。 **3.** 食後の日替わりスイーツ58Kr。内容はスタッフに確認してみて。 **4.** ディルの風味がアクセントの白身魚のフライ79Krは、衣がサクサク。

Munkhagsgatan 10 A
073 623 44 00
rakstugan.se
17:00~21:00、土曜12:00~21:00、
日曜12:00~16:00、無休（季節変動あり）
MAP P. 7 A-4

4

マリエフレッドから
SLで行ける

マリエフレッドからタキシンゲまで50分ほど（片道150Kr）。湖沿いを走る。
www.oslj.nu

Taxinge Slottscafé

タキシンゲお菓子の城

甘い物好きには夢の城

スウェーデンでも数少ないSL（蒸気機関車）が5～9月の間だけ、マリエフレッド駅～レッゲスタネドレ駅～タキシンゲネスビー駅を運行しています。

その終点駅から徒歩約15分にあるのが、通称「お菓子の城」。大きなシャンデリアが吊り下がり、ボルドーの椅子が置かれた重厚感あふれる部屋の隣には、コの字型カウンターを埋め尽くすおいしそうなスイーツの数々。スウェーデンの伝統的なお菓子を中心に、渦巻き模様のクッキーやメレンゲにたっぷりのクリームが挟まれたケーキ、赤いベリーとホオヅキがトッピングされたパイなど、常時65種類以上が並びます。ここから好みのものをトレイに載せてお会計（食べ放題ではないので注意）。テラス席から眺める湖には白鳥が泳いでいることも。夏季は混むので、開店時間に行くのが賢明です。

1. レトロでかわいい駅舎の待合室。切符はここで購入可能。 **2.** 駅入り口側の壁に貼られた時代を感じる味のある看板広告。 **3.** カウンターいっぱいに並ぶスイーツ。目移りしてなかなか選べない。 **4.** 時代を感じる、お城の雰囲気に合ったスタッフの衣装も素敵。 **5.** お城らしいクラシカルで優雅なインテリア。

Näsby 52
0159 701 14
taxingeslott.se/slottscafe
11:00～16:00、月～木曜、12/25、1/1休
◎夏季（5～8月）：11:00～18:00
（9月16:00）、無休
MAP P.6 B-1

ストックホルムからの日帰り旅 3

1

北欧のヴェルサイユ宮殿

Drottningholms Slott

ドロットニングホルム宮殿

17世紀に建てられたバロック様式の宮殿。現在の国王及びご家族が暮らす場所でもあります。宮殿をはじめ敷地内の宮廷劇場、庭園、中国離宮のすべてが1991年に世界文化遺産に登録されました。宮殿と中国離宮は有料で一般公開されていて、オペラが公演される宮廷劇場内部は、ガイドツアーでのみ見学可能です。すべてじっくり内部見学をする場合には、半日ほど見ておくと安心。

見どころのひとつ、手入れの行き届いた広大な庭園は入場無料。120haあるバロック式&英国式庭園を散策しながら、ベンチでのんびりできます。敷地内のカフェで休憩したり、エレガントな王室グッズが並ぶおみやげ屋もおすすめです。

2

3

ストックホルムからのアクセス

ストックホルム中央駅から地下鉄グリーンラインオーケスホヴ(Åkeshov)またはヘッセルビー・ストランド(Hässelby strand)行きでブロンマプラン駅(Blommaplan)下車、176番ステンハムラ(Stenhamra)行き、または177番シャールヴィック(Skärvik)行きのバスに乗り換えドロットニングホルム(Drottningholm)下車(約40分、SLカード使用可能)。

夏季のみ

市庁舎のすぐ近くにある船着場クラーラ・メーラシュトランド(Klara Mälarstrand)より約1時間(片道325Kr~)チケット購入➡stromma.com/en-se/stockholm/excursions

1.バロック庭園側から見た宮殿とブロンズ製の噴水。2.入り口のそばには、大砲が置かれている。3.庭園への門扉。

Drottningholms slott
08 402 61 00
kungligaslotten.se
10:00~17:00、無休(変動あり)
※4月中旬~10月は無休だが、それ以外は土・日曜のみの営業(HPで要確認)
入場料:大人160Kr、ガイドツアー付き(英語・スウェーデン語、各45分)210Kr

MAP P.13 A-3

Lovön
ローベン

Karamellan Drottningholms Slottscafe

カフェ

カラメーラン・ドロットニングホルム宮殿カフェ

休憩は老舗カフェで

宮殿敷地内の入り口近くにある、創業100年以上の趣を感じるカフェ。スウェーデンらしい伝統のお菓子から、オープンサンドなどの軽食、ミートボールやシーフードのスープなどあたたかい料理まで揃っており、美しいメーラレン湖と宮殿を眺めながらひと息つけます。夏はテラス席、肌寒い時期は大きな窓から光が射し込む窓際の席がおすすめ。

08 759 00 35
drottningholm.org
10:00~16:00(土・日曜、5~8月17:00)、無休(変動あり)

6. 大きな窓際の席からは、くつろぎながら外の景色を楽しめる。**7.** 魚介がたっぷり入ったフィッシュスープ185Kr。

4. おみやげに王室グッズはいかが? **5.** カフェ側のテラスから望む景色。メーラレン湖が美しい。

ストックホルムからの日帰り旅 4

スウェーデンでいちばん古い町

Sigtuna

シグチューナ

メーラレン湖に面した、小さくてかわいらしい町。バイキングが活動していた時代に築かれた、スウェーデン最古の町ならではの、古い町役場や教会跡、バイキング時代のルーン文字が刻まれたルーン石碑などが数多く残されています。スウェーデン人がサマーハウスを持つ場所としても人気のエリア。

小さなメインストリートを歩きながらショッピングを楽しんだり、湖畔から綺麗な夕焼け空を眺めたり、地元の人になったような気分でのんびりと過ごすのがおすすめです。アーランダ空港へバスで約30分のアクセスなので、旅の最後に1泊ほどしてみるのもいいかもしれません。

ストックホルムからのアクセス

ストックホルム中央駅よりウプサラ中央駅（Uppsala Centralstation）行き通勤電車、ペンデルトーグ（Pendeltåg）で20分のマルシュタ（Märsta）で下車。そこから570番か575番シグチューナ行きか、579番ボルスタ（Bålsta）行きのバスに乗り換え20分ほどのシグチューナ・バスステーション（Sigtuna Busstation）下車（SLカード使用可能）。ストックホルムより約1時間。

1. メイン通りには、木造の建物にスーパー、薬局、小さなショップなどが並ぶ。**2.** シグチューナの成り立ちが垣間見られる博物館。**3.** ルーン文字の石碑があちこちに見られる。

4.シグチューナでいちばん古いレンガ造りの建物、サンタ·マリア教会。5.石造りのセント·オロフ教会の廃墟。

6.スウェーデンの昔ながらのカラフルなキャンディやチョコレートの数々。7.メイン通り沿いにある、キャンディショップ「オグスタ·ヤンソンス·キャラメルファブリック」。

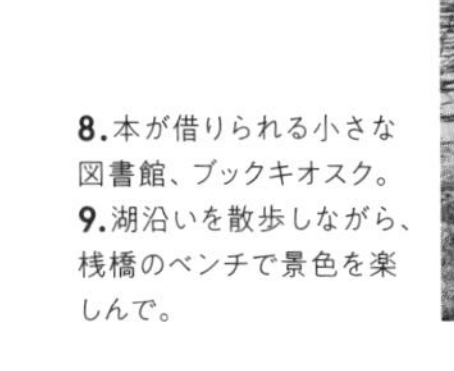

8.本が借りられる小さな図書館、ブックキオスク。9.湖沿いを散歩しながら、桟橋のベンチで景色を楽しんで。

Sigtuna
シグチューナ

Tant Bruns Kaffe

タント・ブルンス・カフェ

カフェ 

白い壁には古い銅の食器やブラウンおばさんの絵が飾られている。

ブラウンおばさんが目印の人気カフェ

メインストリートのストーラガータンから湖へ続く細い路地を入ると、ひと際古い赤い家が見えてきます。入り口付近では、茶色い服に眼鏡をかけた、町いちばんの有名人「ブラウンおばさん」がお出迎え。

16世紀に建てられた建物の低い入り口を屈むようにして入ると、頭がつきそうなほどに低い天井の店内。白い壁には古めかしいフライパンやコーヒー豆のグラインダーなどが並んでいます。開放感あふれる中庭のテラス席は小鳥のさえずりを聞きながら、ゆったりくつろぐのにぴったり。シナモンロールやキャロットケーキなどの甘いものはもちろん、サーモンやエビのサンドイッチなど軽食も楽しめます。カフェ名物のシグチューナドーナツ37Krは外側がアイシングされていて、なかはふっくらジューシー。

1. 店名の由来となった児童書のキャラクターでもあるブラウンおばさん。**2.** しっとりおいしいキャロットケーキ49Krやブルーベリーパイ52Kr。**3.** 夏場は大人気の中庭のテラス席。

Laurentii gränd 3
08 592 509 34
tantbrun-sigtuna.se
10:00~17:00(土・日曜18:00)、
無休(季節変動あり)
MAP P.7 C-3

ストックホルムからの日帰り旅 5

ひと通りなんでもそろうエリア

Kungens Kurva

イケアへ来たついでにいろいろなお店をまわってみよう。©Holger Ellgaard

クンゲンス・クールヴァ

ストックホルムの南15kmに広がるスカンジナビア最大の商業・工業エリア。世界最大のイケアをはじめ、家具、電化製品、おもちゃ屋などの大型店やショッピングセンターが数多く集まっています。イケアの向かいにあるショッピングセンターにも、スウェーデンの主要なチェーン店がいくつか入っています。お買いもの気分の時には、いろいろハシゴしてみるのもおすすめです。

ストックホルムからのアクセス

ストックホルム中央駅より地下鉄レッドラインのノーシュボリ（Norsborg）行きで25分ほどのシャーホルメン駅（Skärholmen）で下車。そこから737番トゥンバ（Tumba station via IKEA）行き、または707番フルーエンゲン（Fruängen）行きのバスに乗り換え「IKEA södra」下車（SLカード使用可能）。ストックホルムより約40分。

◎上記以外にもIKEA方面へ行くバスあり

Kungens Kurva
クンゲンス・クールヴァ

IKEA Stockholm Kungens Kurva

家具・インテリア 

イケア本店

世界最大の本場のイケア

2店舗目として1965年にオープンしたイケア本店がストックホルム郊外にあります。1943年に17歳のイングバル・カンプラード（Ingvar Kamprad）が創業したイケア（IKEA）は、彼の名前から「I」と「K」、育った農場Elmtarydの「E」、そして住んでいた村Agunarydの「A」が由来となっています。

本店のユニークな建物のつくりにもぜひ注目を。展示エリアが円型の4層になっていて、4階から円を書くように順に下りていく仕組み。すべてガラス張りなのも特徴的です。販売アイテムは日本とほぼ同じですが、モデルルームのインテリアなどコーディネイトの違いに注目です。日本で発行のIKEAカードはスウェーデンでも利用可能なのでお忘れなく。

1.地上階から最上階まで吹き抜けになっていて開放感のある館内。 2.サステナビリティ活動の一環で、損傷した家具を修理して安く販売している。 3.ハズレなしのサーモングリルとサラダ95Kr。 4.建物の造りがユニークな世界でいちばん大規模なイケア。

Ekgårdsvägen 1
077 570 05 00
ikea.com/se/sv
10:00〜20:00（土・日曜19:00）
無休
MAP P.13 A-4

Kungens Kurva
クンゲンス・クールヴァ

Zetas Trädgård

セータス・トレッドゴード

ガーデンショップ

目で舌で楽しめるガーデン

イケアから歩いて10分強の一角にある人気のガーデンショップは、ガーデニング界のカリスマ、ヴィクトリアさんのお店。横長に四角く直線的な建物の外観は、日本やフィンランドからインスピレーションを受けて設計されたそう。一年中色とりどりの植物であふれ、目に映るものすべてが美しい場所。日本では見かけないような品種の苗木や種などもあります。

ライフスタイル提案型のショップゆえ、インテリアに溶け込む花や植物の飾り方のアイデアがいっぱい。自宅でも実践してみたくなります。併設されたガーデンカフェで心地良いそよ風と太陽の光を感じながら、フィーカやランチを楽しむひと時も最高です。

1.緑や花に囲まれたガーデンカフェでくつろぐ人々。**2.**バゲットにローストしたナスとトマト、モッツァレラ入りの絶品サンド。**3.**いろんな形のクリアなガラスの花器は、ただ並べるだけでオシャレな雰囲気。**4.**グリーンや鉢の選び方、コーディネイト方法など、イメージがふくらむ。**5.**造園家である父親の後を継いでオーナーとなったヴィクトリアさんの著書。

VICTORIA SKOGLUND

5

Blombacken 2
zetas.se
10:00~18:00
(土・日曜16:00)、
無休(季節変動あり)
MAP P. 13 A-4

ゴットランド島とダーラナ地方へ

Till Gotland & Dalarna

ストックホルムの南、バルト海の中心に位置するスウェーデン最大の島ゴットランドは、手つかずの美しいビーチや、中世の街並みが残る、夏のバカンスにぴったりの島です。

ジブリ映画『魔女の宅急便』の参考になった街と公式に言われているヴィスビー（Visby）は島の中心地であり、世界遺産にも登録されています。連なるオレンジ色の屋根の合間に廃教会がそびえ立つ景色は、物語の世界観そのもの。中心部は3.4㎞もの壁にぐるりと囲まれ、石畳に佇む古民家の軒先や庭には色とりどりのバラが咲き誇っています。

街は10世紀に建設され、12～13世紀頃には海洋貿易で栄えていました。しかし16世紀にはドイツの攻撃により、サンタ・マリア大聖堂以外の教会はすべて破壊されてしまいます。街に点在する灰色の廃教会と、色あざやかに咲くバラとのコントラストが、ヴィスビーの街をよりユニークで魅力的にしています。

1. 物語の世界を連想させる、オレンジの屋根が連なる街並み。
2. 廃墟とバラと緑が散りばめられた街。

中世の面影にバラが香る魅惑の島

Gotland

ゴットランド

3. サンタ・カタリーナ教会跡から見上げる青い空。 **4.** 中心地の大広場には民芸品のお店も多数出店している。 **5.** 島で唯一、現在も利用されているサンタ・マリア大聖堂。 **6.** レンタサイクルをして海岸沿いを走り抜けたい。 **7.** フェリーが到着したら、ヴィスビーの散策開始!

ストックホルムからのアクセス

ストックホルム(シティ・ターミナル)より直行バスでニーネスハムン(Nynäshamn)まで約45分(片道129Kr~)。そこからフェリーでヴィスビーまで約3時間(往復590Kr~)。

◎デスティネーション・ゴットランド社
destinationgotland.se
(※フェリー予約時にバスの予約も可能)

ストックホルム・アーランダ空港からヴィスビーへ国内線で約40分(300Kr~)。

『魔女の宅急便』の

Stockholm

映画『魔女の宅急便』の主人公キキは13歳の女の子。一人前の魔女になるために、黒猫のジジと一緒に修行の旅に出かけます。そして降り立ったのが、海が見える「コリコ」という街──。

ここではストックホルムとゴットランド島のヴィスビーにある、物語のモデルになったと囁かれているスポットをご紹介します！

Kungsgatan

キキがはじめてコリコに降り立って、バスにぶつかりそうになった場所。クングスガータン。

Kungsgatan
クングスガータン
Hötorget
ヒョーリエット
NORRMALM
ノルマルム
セルゲル広場
Sergels Torg
ストックホルム中央駅
Stockholms Centralstation
Stockholms Stadshus
ストックホルム市庁舎
GAMLA STAN
ガムラスタン

Stockholms Stadshus

市庁舎の尖塔部分と、ガムラスタンにある大聖堂の時計台は、コリコの街のシンボルの時計塔にとても似ている。

世界観に浸る

キキが空から降り立つ小道。バラの小道で有名な、フィスカーグレン。

Fiskargränd

S:t Hansgatan

トンボが自転車で通り抜けていたトンネルは、×マークの鉄の壁飾りや窓の形などがそっくり。

Visby

DBW
植物園
DBW:s Botaniska trädgård

Fiskargränd
フィスカーグレン

サンタマリア
大聖堂
Visby Sankta Maria Domkyrka

ストーラ
広場
Stora Torget

アルメダール
公園
Almedalen

S:t Hansgatan
サンクト・ハンスガータン

ドナース
広場
Donners Plats

ヴィスビー港
Visby Hamnterminal

Vårdklockegatan
ヴォードクロックガータン

Vårdklockegatan

キキが夕焼け空を眺めていた場所。ヴォードクロッケガータン。

はじめての街で戸惑うキキを献身的に助けてくれたおソノさん。キキはおソノさんのパン屋で働くことに。そのモデルになったと思われる建物。

Södra Kyrkogatan

Visby
ヴィスビー

Kränku Te & Kaffe

紅茶・コーヒー専門店

クレンク・ティー&コーヒー

30種以上のオリジナルティーブレンド。いちばん人気はレモンとアニスの「ギューテブレンド」。

1

キキがいそうな専門店

　カップ片手に脚を組んだ髭おじさんのキャラクターが目印の紅茶とコーヒーの専門店。ドアを開けるとふんわりお花畑のような香りが漂って、クラシカルなカウンターの奥に整然と並んだ、量り売りの缶が目に入ります。ここで実際に香りを嗅いで好きな茶葉やコーヒー豆を選ぶこともできます。カウンターの右奥には、ユニークなパッケージデザインに包まれた、種類豊富な紅茶がずらり。ゴットランド島で採れたハチミツやベリーがブレンドされたもの、スウェーデンらしいスパイスが効いたものなど、中身で選ぶかパッケージデザインで選ぶか迷うところ。さらにお店の奥に足を進めると、かわいい食器や缶、ティーポットやティータオルなど、フィーカの時間を楽しむための雑貨が揃っています。

1.イチゴやリンゴなどフルーツのブレンド。香りも華やかなレインボーの紅茶150Kr/250g。 **2.**かわいいティン缶がずらり。お気に入りが見つかるかも。 **3.**帽子と髭のおじさんが目印。 **4.**奥は北欧食器やキッチン雑貨など種類豊富な品揃え。

2

3

4

S:t Hansplan 4
04 982 174 81
kraenku.se
10:00~18:00(土曜16:00)、日曜11:00~15:00、無休(季節変動あり)
MAP P.12 B-1

Visby
ヴィスビー

Munkvalvet

ムンクヴァルヴェット

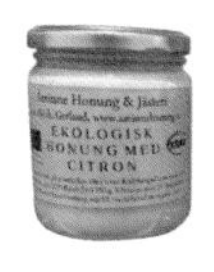

1

雑貨 

開放感のある明るい店内に、洗練された雑貨が並ぶ。

引き継がれる職人技とデザイン

近所に住んでいたら足しげく通うであろうイチオシの雑貨屋さん。大きな窓の明るい店内はナチュラルカラーがベースの清潔感あふれる空間。目に映るものすべてが素敵でオーナーのセンスの良さが漂っています。50年以上の歴史を持つ陶芸家の父のお店を息子ヨハンさんがパートナーと共に引き継いだのが2021年。ゴットランド島のクラフトマンシップやデザインを大切にするコンセプトはそのままに、キッズアイテムやポスターなども加わって時代に合ったデザイン雑貨が取り揃えられました。

4

とくにおすすめなのは、陶器の小物類や木製のキッチンツール。ハンドメイドならではの味わいとあたたかみを感じます。ゴットランド産のハチミツジャム、スパイスなどのコーナーもお見逃しなく。

3

1. 島に自生するサルムベール(Salmbär)のジャム110Kr～はゴットランド島のおみやげにおすすめ。 **2.** 一つひとつ違う表情の陶器のコーヒースプーン199Kr。 **3.** カラフルなキッズアイテムはプレゼントしたくなる。 **4.** 色味も素敵なゴットランド産の天然の羊毛ブランケット1030Kr～。

Adelsgatan 6
instagram.com/munkvalvet
11:00～18:00(土曜16:00)、日曜休
MAP P.12 C-1

Visby
ヴィスビー

Akantus

アカントゥス

家具・インテリア 

古くて新しい北欧インテリア

　アンティーク家具や雑貨など古いものと、若手作家のハンドクラフト作品など新しいものとを織り交ぜたインテリアを提案しているお店。素敵なデザインやアイデアが店中に散らばっているので、部屋づくりの妄想もふくらみます。木製のキッチン雑貨や植物柄のポスターならかさばらなくておみやげにも良さそう。窓際にさりげなく置かれた北欧ヴィンテージ食器も要チェックです！

S:t Hansplan
0498 21 28 88
akantusvisby.se/gamlasaker.html
10:00～18:00（土曜16:00）、日曜11:00～15:00、祝日休（季節変動あり）
MAP P.12 B-1

1. 奥にはアンティーク家具やランプが並ぶ。テーブルは2,200Kr～。 **2.** クレンク・ティー＆コーヒー（P.128）の真向かいにある。 **3.** 雰囲気に合わせた絵の飾り方も参考になる。

Visby
ヴィスビー

Idyllien

イディリエン

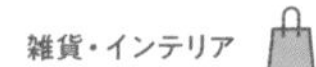

1. タオルからブラシまで、オーガニックなバスグッズも。 **2.** 自然素材で編み込んだカゴバッグ679Kr。 **3.** 店先に置かれた花カゴの自転車が目印。

やさしい香り漂う自然素材の雑貨

　心地よい香りが漂うナチュラル感たっぷりの店内は、カゴやブラシなど自然素材から作られた雑貨、素敵な香りのディフューザーやキャンドル、手作りのアクセサリーなどでいっぱい。やさしさあふれる空間が広がっています。スウェーデンの慈善会社が、重い病気の子どもを持つ家族のためのプロジェクトとして立ち上げたお店です。旅を思い出すような香りのおみやげも素敵。

Södra Kyrkogatan 8
08 20 50 11
idyllien.se
11:00～17:00、日曜12:00～16:00、火・木曜休（季節変動あり）
MAP P.12 B-2

Visby
ヴィスビー

Guteglass Bar

グーテグラス・バー

アイスクリームバー

こだわり素材のアイスクリームバー

地元産の食材とオーガニックの材料のみを使うなど、徹底的にオーガニックやサステナブルにこだわったアイスクリームが楽しめます。シャーベットの50%はフルーツやベリーを使用、砂糖の一部をハチミツにするなど、味との絶妙なバランスをとるためにさまざまな工夫を凝らしています。街歩きの合間の小休憩におすすめ。タイミングが良ければお店から茜色に染まる夕焼け空を見られるかも。

Adelsgatan 43
guteglass.se
5/31~6/24=11:00~18:00(土・日曜16:00)、
6/25~8/22=10:30~22:00、無休(季節変動あり)
MAP P.12 B-2

1.大きな広場に面しており、夏場はにぎわいを見せる人気店。**2.**美しいゴットランドの街並みが一望できる最高の立地。**3.**黄色いサフランと地元産ハチミツのアイスクリームは1スクープ42Kr。

Visby
ヴィスビー

S:t Hans

サンクト・ハンス

ガーデンカフェ 

緑と遺跡の庭で癒されタイム

サンクト・ハンス教会跡の隣にある、天気の良い日におすすめのカフェ。広いガーデンでは、リンゴの木の下のテーブルが気持ちいい!そよ風に揺れる葉っぱの音と小鳥のさえずりを聞きながら遺跡を眺める、この島ならではの至福の時間を味わえるはずです。ゴットランド名物サフランパンケーキは、つぶつぶのお米が入った不思議な食感。ゴットランドのジャムを添えて。

1.堂々とそびえ立つ遺跡のあるガーデンで至福の朝ごはんを。**2.**食感が楽しいゴットランド名物サフランパンケーキ。**3.**サラダやハンドメイドケーキが並ぶショーケース。

S:t Hans Plan 2
0498 21 07 72
sthansvisby.se
10:00~17:00、無休(季節変動あり)
MAP P.12 B-1

Visby
ヴィスビー

Bakfickan

シーフードレストラン

バックフィッカン

ハズレなしのシーフード料理

ストーラ広場の遺跡の前にある人気店。ヴィスビーに来たら必ず行くお店です。さわやかなブルーとホワイトを基調とした店内には、きびきびと笑顔で接客するスタッフの姿。アイオリソースを添えたフィッシュスープはスパイスが効いていて、ニシンのフライは衣がカリカリでなかはふわふわ。何を食べてもおいしい！ 最後に出されるサプライズのブルーのキャンディは、食後のお楽しみに。

Stora Torget 1
06 498 27 1807
11:00（土日12:00）~22:00、
1/31~3/23休
bakfickanvisby.se
MAP P.12 B-2

1. お店のロゴが入ったグラスで飲むヴィスビーの地ビール79Kr。**2.** ニシンのフライ189Krをマッシュポテトとリンゴンベリーソースで。**3.** 夏場はテラス席が大人気。長い行列ができることも。**4.** お会計時にもらえるサプライズキャンディ。

Visby
ヴィスビー

Jessens Saluhall & Bar

スウェーデン料理 

イエッセンス・サルハル&バー

1. 人通りが多いストリートの一角。夏は開放感のあるテラス席へ。**2.** テラス席で地ビール65Krの豊かな旨味をじっくり楽しんで。**3.** 大人にも子どもにも大人気のフィッシュスープ165Kr。

地元の新鮮な肉や魚料理に舌鼓

ゴットランド産の食材中心に使った料理で好評の店。新鮮な肉や魚も販売しています。アイオリと酸味のあるサワードウパンを添えた魚介たっぷりのフィッシュスープは、我が家でもいちばんの人気。ダシが効いたトマトクリームベースのロブスターパスタ165Krやゴットランド産羊肉のボロネーゼ165Krなど、地ビールと一緒にテラスで楽しんで。

Hästgatan 19
0498 21 42 14
saluhallochbar.se
11:00~18:00（金曜20:00、土曜16:00）、
日曜休（季節変動あり）
MAP P.12 B-2

Visby
ヴィスビー

Hotell S:t Clemens

ホテル 

ホテル・セント・クレメンス

青い壁紙と赤い枕が印象的なスペリアツインルーム。

親日家オーナーのおもてなし宿

ヴィスビーの中心部、ストーラ広場や植物園からもほど近い、観光に便利な立地のかわいらしいホテル。19世紀の壁紙やヴィスビーの個人宅で実際に使われていた家具を使用した内装は、まるで友達の家のようにくつろげる雰囲気です。朝ごはんもアットホーム。居心地のよいロビーには飲みものやお菓子のサービスも。中庭にクルミの木、すぐ目の前にはセント・クレメンス教会跡が見えます。

カール＆メネッテ夫妻が営む家族経営のきめ細かであたたかいおもてなしにリピーターも多数。ヴィスビーらしさを大切にしてより心地よい場所を提供できるよう、環境的、社会的にもサステナブルなホテルにしていくことを目標にしているふたり。オーナーのカールさんは東京の大学で1年間勉強をした経験もある親日家。ぜひ日本の話もしてみてくださいね。

1.壁にはゴットランドの絵が飾られている。 **2.**朝食では、いろんな味付けのニシンの酢漬けも試してみて。 **3.**ホテルのすぐ横には聖クレメント教会跡。 **4.**オーナーのカールさんとメネッテさん夫妻。

Smedjegatan 3
0498 219000
clemenshotell.se
895Kr（ダブルベッド、朝食付き）～
全30室
MAP P.⑫ A-2

スウェーデンの季節のお祭り

スウェーデンで大切にされている年中行事は、伝統的で宗教を起源としているものから、近代的な時代を反映するものまで、どれもスウェーデンらしさをよく表しています。お祭りと旅の時期が重なったら、ぜひ地元の人々に交じって雰囲気を味わってみてくださいね。知らなかったスウェーデンの素顔が垣間見えるかもしれません。

Påsk

ポスク

©Joakim Jardenberg

復活祭（イースター）

3月21日以降、満月の後の最初の日曜日は、明るい春の訪れをお祝いするよろこびに満ちあふれた大切な日。街中は太陽みたいに黄色いスイセンや、色とりどりの羽が飾られた木の枝で彩られます。欠かせないのが「ポスクエッグ」。卵型のケースにキャンディやグミなどのグーディース（Godis）を詰め込んで子どもたちに贈るのがスウェーデン流。食事にも卵は欠かせません。酢漬けのニシンやサーモン、ラム肉に加え、茹で卵にエビがのったものや、卵に見立てたデザートなども。

1. ポスクが近づくと、花屋さんにもカラフルな羽が並ぶ。**2.** 子どもたちが楽しみにしているポスクエッグ。

Midsommar

ミッドソンマル

夏至祭（ミッドサマー）

さわやかな風とともに夏がやってくる6月。夏が来たことを盛大にお祝いする夏至祭は一年でもっとも躍動感あふれるお祭。暦の夏至にいちばん近い土曜日と、その前日2日間を祝います。

弦楽器の心地良い生演奏に包まれながら、野の花の冠をかぶり、大空にそびえ立つメイポールのまわりを歌って踊ってよろこびを分かち合います。新ジャガに酢漬けのニシン、イチゴケーキを食べて、蒸留酒をおともに宴は真夜中まで続きます。

1. 伝統が色濃く残るダーラナ地方（P.136）の夏至祭は伝統的で盛大。**2.** 野の花で作った冠と伝統的な衣装を身にまとった少女たち。

©Donald Judge

Stockholm Pride

ストックホルム・プライド

レインボーの旗を手に思い思いの格好で街を練り歩く。
©Centerpartiet

プライドパレード

1998年以降、毎夏に開催されるパレード。街のあちこちでレインボーフラッグがはためくなか、首相が参列したり、皇太子が開会宣言を担ったりと国を挙げての大きな行事です。パレードは、LGBTQの人々の権利を訴え、問題を可視化する目的の活動。早くから同性愛者の権利を認めてきたスウェーデンでは、2009年より同性婚も認められています。私の子どもの友達にも「ふたりパパ/ママ」ファミリーが何組もいます。
stockholmpride.org

参考YouTube

ふたりぱぱ
FutariPapa

2011年にスウェーデンの法律のもと結婚した日本人のみっつんさんとスウェーデン人のリカさんのゲイカップル。代理母出産により2016年に男児を授かりスウェーデンに移住。みっつんさんの著書に『ふたりぱぱ:ゲイカップル、代理母出産(サロガシー)の旅に出る』現代書館(2019)、翻訳書に『RESPECT 男の子が知っておきたいセックスのすべて』現代書館(2021)がある。

Kräftskiva

クレフトフィーバ

黙々と殻をむいて、かぶりついて、飲んで、歌う!
©Jens Karlsson

ザリガニパーティー

夏の終わりの気配が漂う8月、気分を盛り上げるように催されるパーティー。8月、9月の2か月だけ解禁される貴重なザリガニをたっぷりのディルと一緒に茹で、蒸留酒を飲みつつ、歌いながらかぶりつきます。「月の男」をモチーフにしたユニークな顔のランタンや、ザリガニ柄の三角帽子とエプロンも必需品。暗くて長い冬に備え、太陽の光を身体中に浴びながらひたすらザリガニを食す。これぞスウェーデンの夏の終わりの風物詩。

参考YouTube

Nord Labo
北欧研究室

スウェーデン人の夫を持ち、スウェーデンに暮らす北欧雑貨輸出会社経営のヨウコさん(室長)と、現地ITコンサルタント会社勤務のマホさん(研究員)が、北欧の気になるニュースやメディアの情報をピックアップし、ゆるゆるトークで深掘り。幸福度世界トップの北欧の幸せのヒントを学べます。同名のサイト(nord-labo.com)やツイッター、インスタグラムなどでも情報発信中。

St.Lucia

セント・ルシア

聖ルシア祭からクリスマスまで

一年でいちばん暗く長い夜が続く、旧暦の冬至にあたる12月13日に行われる、心にぽっと明るい光が灯されるルシアの祭り。キャンドルの光の冠をかぶった少女を先頭に、白いガウンの子どもたちがルシアの歌を歌います。ルシア祭を過ぎる頃にはいよいよクリスマスへのカウントダウン。独特な形のサフランパンや薄く焼いたジンジャークッキー、スパイスの効いたホットワインを飲んで、クリスマスマーケットを楽しみます。

1.ルシア祭にはこれから日が長くなっていくよろこびを祝う意味合いも。 **2.**ガムラスタンやスカンセンでは伝統的なクリスマスマーケットが開催される。

1. ダーラナ県の中央にあるシリヤン湖はスウェーデンで6番目に大きな湖。 **2.** スウェーデンの特徴的な赤い家。くすんだ水色との組み合わせもかわいい。

スウェーデン人の心の故郷をめぐる

Dalarna

ダーラナ地方

スウェーデン人の「心の故郷」と表現されることが多いスウェーデン中部のダーラナ地方には15の市があり、スウェーデンデザインの原点とも言える伝統的な手工芸や昔ながらの文化が今も静かに息づく場所です。

赤い家々と白樺の森が広がるのどかな田舎の原風景。木立の向こうできらきら光る美しいシリヤン湖は隕石の衝突でできたのだとか。まるでおとぎ話の世界みたい。スウェーデンの象徴、木彫りのダーラナホースや、薄く裂いた松の木を編み込んだバスケット、初夏の花々で彩られたメイポールの夏至祭も、古くから愛され大切に大切に守られてきた文化です。

夏に訪れるなら、あちこちで開催されている蚤の市にもぜひ足を運んでみてほしいです。無造作に置かれた古めかしい物の山から、ここでしか出会えない、旅の思い出となる宝物に出会えるかもしれません。

3.18世紀のはじめ頃にこの地方でおもちゃとして生まれたとされるダーラナホース。**4.**セカンドハンドショップには、伝統的な衣装が置かれていることも。**5.**夏季の頃に至るところで見かける「Loppis（蚤の市）」の看板。**6.**レトヴィックにあるシリヤン湖にのびる628mの木造の桟橋。

ストックホルムからのアクセス

ストックホルム中央駅からSJインターシティで約3時間、ファールン中央駅（Falun C）まで約2時間40分／245Kr～、レクサンド駅（Leksand）まで約3時間／305Kr～、テルベリ駅（Tällberg）まで約3時間／315Kr～、レトヴィック駅（Rättvik）まで3時間15分／325Kr～
sj.se

◎ダーラナ地方内での移動は電車（tagibergslagen.se）やバス（alatrafik.se）、タクシーが便利。滞在先でご確認を。
◎効率良くダーラナ地方をまわるなら、レンタカーが断然おすすめ！（右側通行に注意）大手レンタカー会社で日本から予約しておくと安心。
※エイビス（AVIS）：avis-japan.com ハーツ（Hertz）：hertz-japan.com

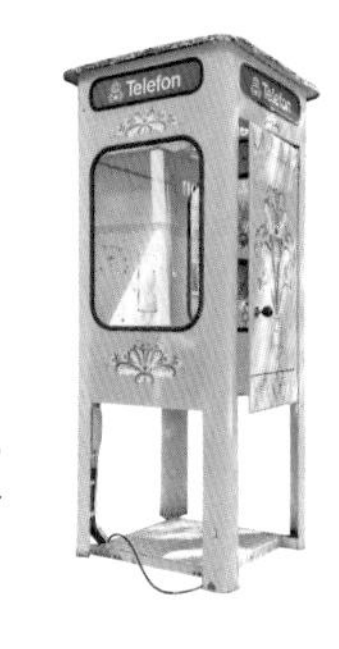

公衆電話にもダーラナ地方の伝統的な花のモチーフ「クルビッツ（Kurbits）」。

Falun
ファールン

Carl Larsson-gården

カール・ラーションの家

記念館

スウェーデン人の暮らしに大きな影響を与えたと言われるカールの家。

国民的画家の憧れの自邸

スウェーデンの国民的画家カール・ラーションが妻カーリンと7人の子どもたちとともに過ごした、スンドボーン湖畔に佇む美しい庭に囲まれた赤い家「リッラ・ヒュットネース」。やさしい色合いで描かれた家族との何気ない日常のワンシーンは、スウェーデンの人々を魅了し、憧れとなりインテリアにも大きく影響を与えたといわれています。ガイドツアーでのみ見学できる家のなかには、同じく芸術家のカーリンがデザインした家具やタペストリー、日本の美術工芸に影響を受けたカールのコレクションも展示されています（撮影は禁止）。手入れの行き届いた庭で、絵画に入り込んだような雰囲気を満喫しながら、持参のおやつやランチも楽しめます。グッズが充実したショップもチェックしてくださいね。

1. フランス印象派にも影響を与えた画家、カール・ラーション。**2.** 庭の前にはまるで絵画のように美しい景色が広がる。**3.** カールの娘スザンヌがモデルになった絵。

作品のトレイなどグッズの販売も。

Carl Larssons väg 12
023 600 53
carllarsson.se
入場料:大人250Kr
※ガイドツアー（40~50分）
（英語、スウェーデン語、時々日本語）
10:00~16:00、無休（季節変動あり）
MAP P.13 D-4

Falun
ファールン

Falu Gruva

銅山

ファールンの大銅山地域

息を呑むほどの迫力。今はフクロウの住処にもなっている。

かつて栄えた世界遺産の銅山

スウェーデンの田舎町に多い赤褐色の家や赤いダーラナホース。なぜ赤なのか不思議に思ったことはありませんか？「ファールンレッド」と呼ばれるこの“赤”の由来は、ダーラナ地方の中心都市ファールンにあります。この町が誇る世界遺産ともなっている大銅山地域。かつては、ヨーロッパの銅生産の3分の2を占めたほどの大規模な銅山でした。銅を精錬する過程で出てくる酸化鉄は塗料に加えることで赤くなります。それが木造建築の腐食を防ぐ効果があることで広く使用されてきました。地上からの景色も迫力がありますが、地下の神秘的な世界を体験することができる坑道ツアーも人気です。クリスマス時期に訪れるなら、この場所で開催される盛大なクリスマスマーケットも要チェック！

© Willem van Valkenburg

1. サラダビュッフェが楽しめる敷地内のカフェ・レストラン。 **2.** スープにパン、食後のコーヒー・紅茶が付く日替わりビュッフェ145Kr。 **3.** 1687年の崩落でできた直径400mの大穴も見られる坑道ツアー。 **4.** カフェレストランのカウンターまわりには銅が使用されている。

Gruvplatsen 1
023 78 20 30
falugruva.se
10:00〜16:00（土・日曜16:00）、
月曜休（季節変動あり）
坑道ツアー：大人210Kr
MAP P.⑬ D-4

Leksand
レクレクサンド

Leksands Knäckebröd

レクサンド・クネッケブレッド

クネッケブレッド工場&直営店

左右の壁は箱入りのアウトレット品。正規品の半額ほどで買える。

1.普通のピザよりも、サクサクと歯応えがあって新しい食感のピザ10Kr~。2.店内では、ダーラナ地方のおみやげ品も販売している。3.オープン直後から長蛇の列。地元の人にも人気のスポット。

Gärde stationsvägen 11
0247 448 20
leksands.se
9:30~18:00、土曜10:00~16:00、日曜11:00~15:00、無休(季節変動あり)
MAP P.13 D-3

直営店でまとめてオトクに!

スウェーデンの食卓に欠かせないクネッケブレッドは、1000年以上前からあったというライ麦や全粒粉などで作られる硬くて薄いパン。朝ごはんやおやつ、ランチやディナーのおともなどスウェーデンでの食事シーンに必ず登場します。

そのクネッケブレッドの工場&直営店がレクサンドの町にあります。品揃え豊富で、まとめて買うとオトクな商品や、箱入りのアウトレット品もあるため、多くの地元の人々が大量買いしていく姿を見かけます。保存が効くのも魅力のひとつ。表面にバターを塗って、スライスチーズとトマトをのせて、レモンペッパーをパラパラとふりかけるのが私のお気に入りの食べ方。店先のクネッケブレッドのピザもぜひ試してみて! ちょっとしたおやつに最適です。

Leksand
レクサンド

Jobs Handtryck

テキスタイルショップ

ヨブス・ハンドトリュック

色彩豊かな手染めテキスタイル

太陽の光にきらきら輝くシリヤン湖の畔にある、色とりどりのテキスタイルが並ぶ小さなショップ。ダーラナで生まれ、元は陶芸家であったゴッケン&リスベット姉妹が、スウェーデンに咲く花々や森の恵みである木の実やベリー、植物などをモチーフにしました。そのパターンに熟練の職人が命を吹き込みます。一つひとつていねいに手染めすることで、色あざやかで上質なテキスタイルが生まれていきます。1日にできるテキスタイルの量はごくわずか。ショップの傍らにある青い扉の建物が手染め工房です。

よく手入れされた庭には、夏のかわいらしい花々やベリーの実、そして美しい湖の景色が広がっていて散歩にも最高です。

Västanvik Jobsbacken 4
0247 122 22
jobshandtryck.se/store
10:00~16:30(土曜15:00)、日曜休
※6~8月10:00~18:00
(土・日曜16:00)、無休(季節変動あり)
MAP P.13 D-3

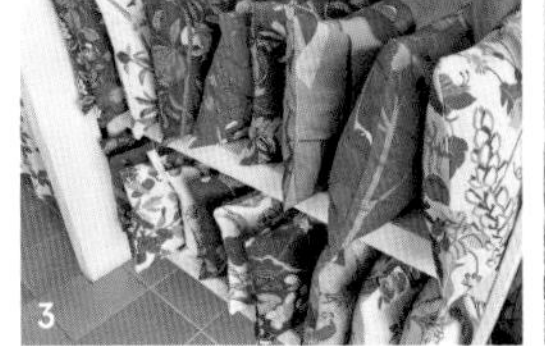

1.大胆であざやかな花のランプシェード。**2.**嵩張らないトレイ450Krはおみやげにいいかも。**3.**50×50cmのクッションカバーは1575Kr。**4.**シリヤン湖がすぐ目の前という素晴らしいロケーション。

1m単位で購入できる生地825Kr~は、綿100%または綿50%麻50%の2種類。

Tällberg
テルベリ

Knäppasken

クネップアスケン

手工芸品 

やさしい笑顔のビョルンさん。この場所から生み出される匠の技。

色の変化が愛おしい伝統的なカゴ

テルベリの町の湖近くののどかな平原に佇む、ベテランのカゴ職人ビョルンさんの工房兼ショップ。上質な松の木を薄く裂いて編み込んだ「スポーンコリ」（P.153参照）と呼ばれるカゴを30年以上作り続けています。赤屋根の小さな工房の端にある椅子に座りながら、黙々としなやかな手つきで軽快にカゴを編んでいくビョルンさん。その姿につい見入ってしまいます。壁には、若かりし頃のビョルンさんと息子さんがカゴを編む姿や、ビョルンさんが来日した際のイベントのポスターなども。

私が10年前にこの場所で購入したスポーンコリとカッティングボードは、年月を経て少しずつツヤも出て色も深みを増してきました。使い込めば使い込むほど、より魅力的になって愛おしさも増していきます。

1. 生地をのばす際に使うめん棒500Kr～などのキッチン道具も。 **2.** 手触りの良い松の木のカッティングボードは我が家でも活躍中。 **3.** 年月を経るごとに深い飴色へと変化していくカゴ。12x12x12cmサイズ。 **4.** 静かな平原のなかの小さな赤い工房。

Laknäs, Siljansvägen 592
0247 507 42
knappasken.se
10:00～17:00（土・日曜15:00）、無休
MAP P.13 C-4

1

地域や時代によって、いろいろな形、いろいろな色。

幸せを運ぶ馬、ダーラナホース

2　3　4

スウェーデンのアイコン的存在にもなっている木彫りの馬、ダーラナホース。スウェーデン語では「ダーラヘスト（Dalahäst）」と呼ばれるダーラナ地方発祥の伝統工芸品です。

18世紀のはじめ頃、木こりが仕事の後に子どもたちの遊び道具として作ったのがはじまりと言われ、原料はやわらかくて加工しやすいレッドパイン（欧州赤松）。切り出した馬の形を熟練の職人が手彫りでていねいに整えていきます。そこに手作業で色付け。地域によって馬の形やデザインに違いはありますが、模様はダーラナ地方の特徴的な装飾画「クルビッツ」が元になっています。

もともとは、子を思う親のやさしい気持ちからはじまった「幸せを運ぶ馬」ダーラナホース。ずっとずっと後世へと残してほしいスウェーデンの伝統工芸です。

1. 定番の赤いダーラナホース。**2.** 現代版ダーラナホースは斬新なデザイン。**3,4.** ダーラナホースの工房では、ニワトリやブタなど、馬以外の動物のモチーフも商品も。

ダーラナホースの2大工房

MAP P.13 C-3

ムーラ郊外の小さな町ヌスナスに、ダーラナホースの2大工房があります。オルソン兄弟の兄と弟、それぞれに工房を設立し、現在は彼らの子どもたちが跡を継いでその伝統を受け継いでいます。工房では、木を削るところから絵付けまで、ダーラナホースの製作工程を無料で見学できます。

職人の手仕事を近くで見学できる。

グラナスA.オルソン・ヘムスロイド
Grannas A Olsson Hemslöjd
Edåkersvägen 24
grannas.com
9:00~18:00（土・日曜16:00）、
無休（季節変動あり）

ニルス・オルソン・ヘムスロイド
Nils Olsson Hemslöjd
Edåkersvägen 17
nilsolsson.se
9:00~18:00、土曜10:00~15:00、
日曜11:00~15:00

Leksand
レクサンド

Siljans Konditori

カフェ 

シリヤンス・コンディトリ

スウェーデン定番のお菓子が並ぶ。

老舗カフェでフィーカとランチ

レクサンドの中心部にあるこのカフェは、1960年代から100年以上にわたって地元の人々に愛されてきました。世代を超え大切にされてきたレシピは、今もなお熟練のパン職人によって引き継がれています。ゆったりとした店内は、いつもお客でにぎやかです。

ショーケースには、スウェーデンの伝統的なスイーツや鮮やかなプリンセスケーキ、多彩なペイストリーなどがずらり。月曜から土曜まで提供される人気の日替わりランチメニューは、メインディッシュを3種類のなかから選べ、さらにサラダビュッフェ、パン、コーヒーがセットになって130Kr。訪れる前に最新のメニューをホームページでチェックして、歴史あるこのカフェでの至福のひとときを楽しんでください。

1. マヨネーズで和えたエビがたっぷりのったオープンサンド69Kr。 **2.** 次から次へと客足が途絶えない地元の人気店。 **3.** ランチ時はおいしそうな料理が並ぶカウンター。 **4.** 特別な日に食べるプリンセストルタ。

Sparbanksgatan 5
0247 150 70
leksandresort.se/siljans-konditori
8:30（土曜9:00、日曜10:00）~17:00、無休（季節変動あり）

MAP P. 13 D-3

Tällberg
テルベリ

Åkerblads Hotell

ホテル

オーケルブラッド・ホテル

おとぎ話に出てきそうなかわいい外観。

料理とスパで癒しの時間

伝統的なダーラナの赤い壁と落ち着いたブルーの外観が目を引く、レトロでかわいらしい建物。実は15世紀の農家を改装した家族経営の老舗ホテル。地元テルベリの人たちにも一目置かれた存在です。バス停や湖も近くて、ロケーションもばっちり！　レストランの料理やワインのセレクションにも定評があります。地下にあるスパやサウナ、ジムも人気で、宿泊者は自由に利用可能です。さらには卓球やビリヤードが楽しめる部屋も。

レストランは事前に予約をしておくとスムーズ。朝食ビュッフェも種類豊富で、スウェーデンの味をたっぷり味わえます。朝から満足度高めのスタートがきれますね。のんびりしたい、リフレッシュしたい、そんなときにパワーチャージできるホテルです。

1. やわらかい肉とカシスが入った酸味のあるソースは相性抜群。 **2.** クラシックな内装とふかふかのベッド。**3.** 古い味のある家具と暖炉の炎に癒されるインテリア。

Sjögattu 2
0247 508 00
akerblads.se
シングル（朝食付き）950Kr～／全73室
MAP P.13 C-4

Rättvik
レトヴィック

Sjövillan Restaurang & Bar

フォーヴィラン・レストラン&バー

イタリアンレストラン

1

目の前は湖。夏季は泳いでいる人もちらほら見かける。

2

長い桟橋のある湖畔でイタリアン

レトヴィックの名所、大桟橋が目の前にあるレストラン。駅からもほど近くアクセスの良い場所にありますが、最大の魅力はなんといってもすぐ前が水辺という最高のロケーション。席はできるだけ湖に近いところがおすすめ。透き通った水の色と心地よいせせらぎを聞きながら料理を楽しめます。メニューはイタリアンベースの魚・肉料理、パスタやピザなど。お酒は、フランスやイタリアなど南欧のワインのほか、地元にある醸造所のビールが充実しています。日替わりランチビュッフェは、パンやコーヒー付きで125Kr。

食後は湖の方へ出て、長い桟橋を歩いてみてください。湖面に映る青い空と白い雲の景色のなかに溶け込んだような気分を堪能できます。

1. レトヴィックの醸造所「ダーラ・ブリッゲリ（Dala Bryggeri）」のビール80Kr～。 **2.** 628mの大桟橋と夕暮れ時のオレンジ色に染まる空。 **3.** 魚介と野菜がたっぷりのブイヤベース255Kr。 **4.** ローストしたタコのサラダ125Kr。

Långbryggevägen 20
0248 134 00
visitsjovillan.se
ランチ/11:30～14:00、
土・日曜12:00～15:00
アラカルト/木・金曜17:00～
バー/金・土曜17:00～24:00
MAP P.13 C-3

3

4

Rättvik
レトヴィック

Backlund Boende i Dalarna

B&B

バックルンド・ボーエンデ・イ・ダーラナ

ナチュラルテイストで落ち着く客室。

1.バルコニーから見えるシリヤン湖の景色。 2.朝食にはこの地域で食べられる薄焼きパン「トゥトゥル(Tuttul)」が出ることも。 3.近くの雑貨屋「ニット・オック・ガンマル(Nytt Och Gammalt)」はおみやげ探しにも最適。

景色最高のリーズナブルな宿

レトヴィックの駅からバスで10分ほど、シリアン湖の眺めが美しいベッド&ブレックファースト。

赤い一軒家の門をくぐると、旅の疲れをほぐしてくれるようなあたたかい笑顔のオーナーご夫妻が迎えてくれます。居心地の良いインテリアには、ダーラナ地方の伝統的な家具やダーラナホースのモチーフがふんだんに使われています。きれいに整えられた部屋で落ち着いたら、バルコニーにも出てみて。美しい景色を眺めながらゆったりとくつろげます。種類豊富なハムとチーズ、卵にフルーツの朝ごはんも美味。アットホームな雰囲気のなか、じんわりと染みわたるやさしさを感じるお宿です。

すぐ近くにあるかわいい雑貨屋は、ダーラナホースがモチーフとなった小物類が充実していて一見の価値あり。

Stora Vägen 37
0248-208 91
vikarbyn.com
スタンダード・シングル(共用バスルーム、朝食付き)822Kr～/全13室
MAP P.13 C-3

フレンドリーなオーナー夫妻、マリーさんとラッセさん。

ヴィンテージ雑貨を飾った田舎町の家の風景。窓からスウェーデンの伝統的な赤い家が見える。

スウェーデンデザインの魅力
Attraktionen av Svensk Design

燦々と降り注ぐ太陽の光を身体いっぱいに浴びて、ブルーベリーが茂る森を散歩する夏。暗く長い夜を暖炉の炎とキャンドルの灯に包まれて静かに過ごす冬。いつだって自然がすぐそばにあって、夏と冬とで極端に違う暮らしのスタイルは、スウェーデンデザインにも大きく影響しています。

スウェーデンでは古来バイキングの時代から、身近にある豊かな自然素材をうまく日常に取り入れてきました。長い冬の間は室内で過ごす時間が多い分、手工芸も盛んでした。大切な誰かのために、自然の恵みを使って人の手から生みだされるモノづくり。それが原点となり、織物、ガラス、木工などの伝統工芸は、歴史あるスウェーデン王室に献上するような美術品レベルへと、職人の技術も磨かれていきました。

18世紀半ば、イギリス産業革命の影響を受け、国内でも低品質な工業製品が出まわるようになります。そこで、1845年に世界最古のデザイン協会スベンスク・フォーム（Svenskt Form）が設立されます。国主導で、アーツ（芸術）、クラフト（工芸）、テクニック（技術）が融合するスウェーデンデザインの向上を目標としました。

シンプルで無駄なく機能的。伝統と自然をリスペクトしたあたたかみのあるデザインは、過ごす時間が多い家のなかで心地よく暮らすために、生活に寄り添うものでもあります。

スウェーデンデザインは、老若男女問わずみんなのものであるというのが大前提。そのうえで、

生活をより良くするために
・機能的であること
・見た目が美しいこと
・環境に配慮し、持続可能であること
・革新的で創造的であること
そんなデザインを大切にしています。

古いものと新しいものが融合。
伝統を引き継いだモダンデザイン。

デザインは、暮らしの一部であり、何かを伝えるツールでもあります。人間味とあたたかさが滲み出たスウェーデンデザインは、自然への愛情と使う人への思いやりであふれています。それが国と世代を超えて人々を魅了し続ける理由かもしれません。

手仕事と
スウェーデンデザイン

街で見られるスウェーデンデザイン

日常のさまざまな場面で目にするスウェーデンデザイン。スーパーなどに並ぶカラフルなパッケージデザインをはじめ、街なかのストリートや公共施設にも見ているだけでわくわく楽しくなるようなかわいくて素敵なデザインがあふれています。

パッケージデザイン

1,2.アーラ（Arla）社の牛乳パック。赤い牛のマークが目印。牛乳の脂肪分の違いを色で分けるなどの工夫もされている。**3.**ファッツェル（Fazer）社の箱入りのココア。印象的な目は、スウェーデンのグラフィックデザイン界の巨匠オーレ・エクセル（Olle Eksell）が1956年にデザインをしたココア・アイズ。商品の知名度に貢献したオーレの代表作のひとつ。**4.**1936年設立の慈善団体ソールスティッカン（Solstickan）のマッチ箱。スウェーデンで古くから親しまれている男の子がデザインされており、雑貨や消火器に至るまで多岐にわたる商品がある。**5,6.**ストックホルム郊外のオーガニック食品メーカー、サルツォ・クヴァーン（Saltå Kvarn）の粉ものやドライフルーツ。洗練されたレトロな色遣いのパッケージが印象的。**7,8.**セーデルマルム地区にカフェもある、サステナブルにこだわったコーヒーと紅茶の専門店リッケ・ニートリエ（P.77）のパッケージ。カラフルで遊び心満載のデザイン。**9.**スウェーデンの国旗と同じカラーのポスト。ブルーは市内郵便。イエローはそれ以外。**10.**切手のデザインにも、北欧ヴィンテージのモチーフ。**11.**毎年楽しみにしている、無料クリスマスカードのデザイン。**12.**ドロットニングガータンなどの交差点に設置された車の進入を防ぐための石のライオン（ストックホルム・ライオン）。ミニチュア版をデザイントリエ（P.38）で販売している。**13,14.**街灯のデザインも秀逸。ワイヤーに吊るされて夜になると灯だけが浮いているように見えるライトは、オッレ・アンダーソン・デザインの「Stockholm」。

かわいい伝統工芸品

スウェーデン語で、手工芸はヘムスロイド（Hemslöjd）、または手仕事を意味するハントヴェルク（Hantverk）などで表現します。スウェーデンには、その土地ならではの自然の素材を生かして人の手から生まれ引き継がれてきた、素敵な手工芸品がたくさんあります。

Näverslöjd
ネーベルスロイド

白樺樹皮細工。スウェーデン北部に多く見られる白樺。夏に採取した白樺の樹皮を細く切って編み込んだカゴや、一枚皮を使ったキャニスターなどさまざまなアイテムがある。

定番、白樺のパンカゴ。

クリスマスの時期に使う星型のライト。なかに明かりを灯せるようになっている。

白樺のキャニスター。我が家ではコーヒーを入れている。

ハンドルが付いた白樺のバスケット。

Kåsa
コーサ

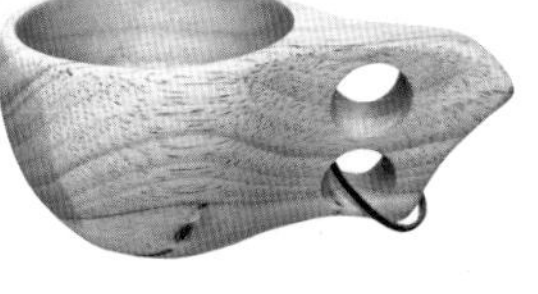

ククサとも呼ばれ、ラップランドに住むサーミ人の間で伝統的に使われてきた木製カップ。白樺のコブをくり抜いて作られている。「贈られた人は幸せになる」と言われる縁起の良いカップ。

Spånkorg
スポーンコリ

ダーラナ地方中部で多く見られる。薄く裂いた松の皮を編み込んだ、蓋や取っ手が付いた大き目のカゴ。

Svepask
スヴェープアスク

曲げ木の箱。日本の曲げわっぱと同じような手法で作られている。ステッチ部分は白樺の根を使用。

Glashantverk
グラスハントヴェルク

ガラス細工。250年以上前からスウェーデン南部のスモーランド地方を中心に栄えてきた伝統工芸。近年後継者不足の問題に直面している。写真は透き通るグリーンがきれいな鳥。

使う人の心に寄り添う北欧モダンの父 アスプルンド

20世紀以降の建築として最初の世界遺産となった「森の墓地」（P.31）をはじめ、ストックホルム市立図書館（P.27）などを設計した建築家アスプルンド。作品はスウェーデン国内に限られ、数も多くはありませんが、卓越した設計やデザイン、利用する人々の心理や物事の本質をうまく調和させるスキルは、フィンランドのアルヴァ・アアルト、デンマークのアルネ・ヤコブセンら、20世紀の北欧の建築家たちにも多大なる影響を与えたといわれています。伝統的な価値観と新しい建築の潮流とをうまく融合させる牽引役としても重要な役割を果たした、北欧の近代建築の礎を築いた偉大なる建築家です。ここでは代表作をいくつかご紹介します。

Erik Gunnar Asplund

エリック・グンナール・アスプルンド

1885-1940

1885年スウェーデン・ストックホルム生まれ。王立工科大学で建築を学び、その後王立芸術大学に進学するも教育方針が合わずに中退。1910年「クララ・スクール」を設立し一線級の建築家より建築を学ぶ。イタリアなどの視察旅行を経て、28歳のとき友人のシーグルド・レヴェレンツと共同で応募した1915年の「ストックホルム南墓地国際コンペ」で1等を獲得し、その後25年かけ「森の墓地」を完成させる。その間代表作となる作品を次々と発表、"北欧モダンデザインの幕開け"と言われる1930年のストックホルム博覧会では主任建築家、1931年には王立工科大学の教授に就任した。心臓発作のため55歳で死去。

1

2

Skogskyrkogården

森の墓地 （P.31）

［ 1920 ］（森の礼拝堂の竣工年）

1920年に息子を亡くしたアスプルンドの死生観が反映された作品といわれる。完成の3か月後に亡くなった彼自身は、現在もこの墓地で静かに眠っている。

1.ニレの木が茂る散骨場「瞑想の丘」（レヴェレンツ設計）に続く長い階段の蹴上げが、頂上へ近づくに連れて低くなっているのは、疲れることなく丘に辿り着き、落ち着いて瞑想ができるようにという配慮。**2.**花崗岩でできた巨大な十字架は、宗教のシンボルではなく、「死者は森へ還る」というスウェーデンの死生観を表す。**3.**瞑想の丘と復活の礼拝堂（レヴェレンツ設計）を結ぶ真っすぐにのびる888mの七井戸の小道。礼拝堂に近づくにつれて両脇の木々が枝垂れ白樺、白樺、松、トウヒと変わり、道を暗く覆うように植えられているのは、遺された者たちが葬儀に向けて徐々に気持ちを整え、心の準備ができるよう意図されている。**4.**礼拝堂とその周辺にあるベンチの座席の真んなかに作られている凹みは、遺された者たちが孤独な気持ちを抱えることなく寄り添い合えるようにという意味が込められている。宗教にかかわらず誰でも入れる共同墓地なので、正面の壁画もキリストのモチーフではなく、人が船に乗って旅立っていく絵が描かれている。

3

©Guillén Pérez

4

©seier+seier

Stockholms Stadsbibliotek

ストックホルム市立図書館 (P.27)

[1921-28]

1928年に開館。壮大でシンプルな外観は新古典主義建築のハイライトであり終わりであるといわれる。1920年のアメリカ視察の経験から「利用者が可能な限り自分で簡単に本を見つけることができる」ことを設計の主軸に置いたという。

© Arild Vågen

1.20の窓から自然光が採り入れられ、凹凸のある壁がゆるやかに反射し、やさしい光を届けている。**2.**上へ行くほど幅が狭くなっている入り口の階段は、目の錯覚を利用して高さがあるように見せている。また、ホールまで上りきった時により光を感じられるよう、階段部分はあえて暗めの演出に。**3.**ゆったりとした空間を作り出す埋め込み式の本棚は、モダンなアメリカの読書室をイメージして設計された。**4.**天井から吊るされたライトもアスプルンドのデザイン。

©David Hall

Biograf Skandia

シネマ・スカンディア

[1921-23]

映画館が社交の場でもあった1923年に設計された、ヨーロッパでも有名な映画館のひとつ。1階に一般席、2階には雰囲気のある個室がある。

Göteborgs Tingsrätt

ヨーテボリ裁判所増築

[1934-37]

© Blondinrikard Fröberg

17世紀に建てられた古典様式の市庁舎に、木と曲線を多用したモダンな空間を実現した。

「ヨーテボリ,1」と名のついた椅子など家具やランプのデザインも手がけている。

スウェーデンのヴィンテージ陶磁器ブランド

スウェーデンデザインを語るときに欠かせないのがヴィンテージ（製造から100年未満で時の経過とともに名品になったもの）。北欧ヴィンテージの魅力については前述していますが（P.42）、時間や国境を超えて今も愛される作品が多く生まれた背景には、北欧でもっとも早くはじまった近代工芸運動がありました。「日常生活に美を」をスローガンにした世界最古のデザイン協会（P.150）、その運動に呼応し、アーティストをデザイナーとして雇った陶磁器メーカーや、そこで才能を大きく開花させたデザイナーたちがいました。

158ページから、北欧ヴィンテージブランドとデザイナーをご紹介します。知っておくと、蚤の市やヴィンテージショップめぐりがさらに楽しくなりますよ！

1. リサ・ラーソンのマチルダ（P.159）のカップ&ソーサー。左上はハリネズミの置物、イーゲルコット（Igelkott）。**2.** グスタフスベリのジャスミン（P.159）のプレート。 **3.** グスタフスベリのアスター（P.158）のカップ&ソーサーとプレート。右はウプサラ・エクビーのシティ（City）の鉢。

いろいろな

スウェーデン製のヴィンテージ

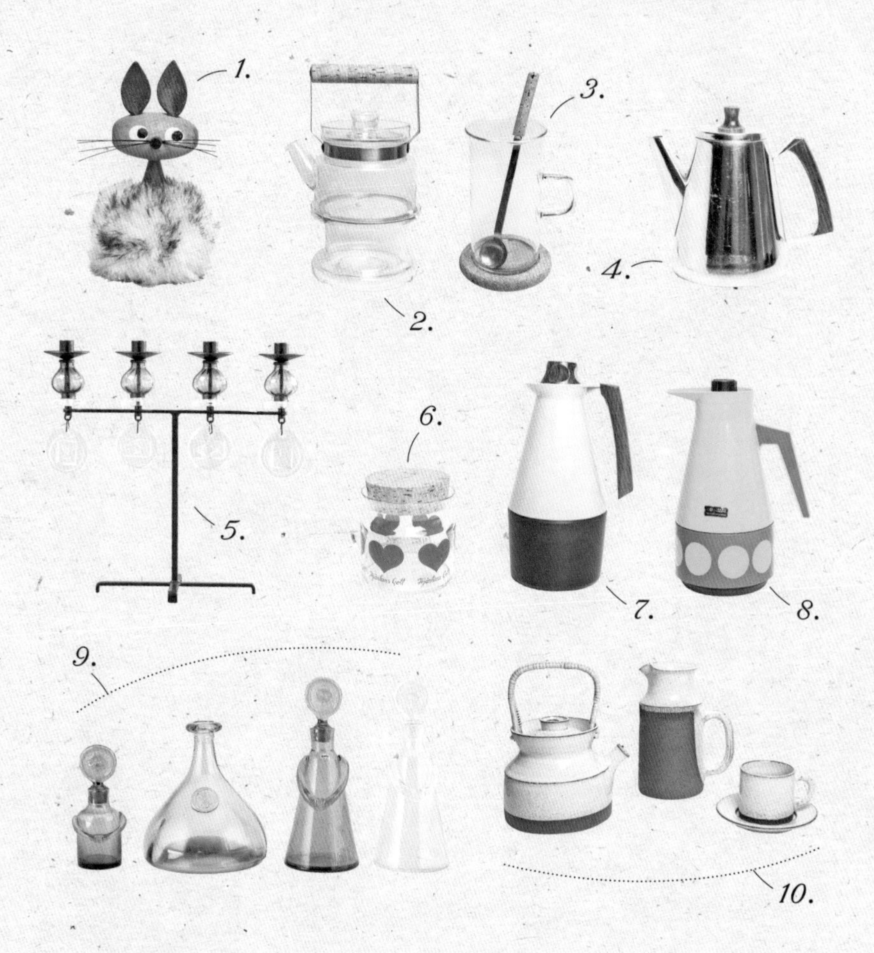

次ページから紹介するメジャーな3つのブランド以外にも、アンティークショップやセカンドハンドショップ、蚤の市などで見かけるスウェーデン製のヴィンテージはまだまだあります。詳細不明のものから、希少価値の高いものまで、いろんな「Made in Sweden」を探してみてくださいね。

1.50-60年代にチークで作られたモフモフうさぎ。 **2,3.**シグネ・パーション・メリン(Signe Persson Melin)のガラスのティーポットとカップ。 **4.**ニルス・ヨハン(Nils Johan)のクリスティーナ(Christina)ステンレスポット。 **5.**エリック・ホグラン(Erik Hoglund)のキャンドルホルダー。 **6.**シー・グラスブルーク(SEA Glasbruk)のコルク付きハート柄のガラスのキャニスター。 **7.**ハスクバーナ(Husqvarna)のシグネチャー(Signature)保温ポット。 **8.**70年代のレトロな模様がかわいいプラスチック製グリーンの保温ポット。 **9.**エリック・ホグラン(Erik Hoglund)のデカンタ。 **10.**シグネ・パーション・メリンのポットとジャグとカップ&ソーサー。

スウェーデンを代表する陶磁器ブランド

www.gustavsberg.com

Gustavsberg

グスタフスベリ

1825年、ストックホルム近郊の小さな町に創業したスウェーデンが誇る陶磁器メーカー。当初はセラミック製造が中心でしたが、ヴィルヘルム・コーゲ（Wilhelm Kåge）をはじめ多才なデザイナーの活躍により、テーブルウェアなど数々の作品を生み出しました。現在は衛生陶器の生産がメインですが、1900年代後半に海外企業に売却された陶磁器製造部門において、人気モデルの復刻生産を行っています。

— デザイナー＆陶芸家 —

1 2 3 4 5 6 7 8

Stig Lindberg

スティグ・リンドベリ

1916-1982

スウェーデン・ウメオ生まれ。1937年にグスタフスベリに入社しヴィルヘルム・コーゲのアシスタントとしてセラミック製造を学び、1949年にアートディレクターに昇格。その後、彫刻やガラス細工、テキスタイル、イラストレーターなど幅広い分野で活躍。1959年に西武百貨店の包装紙もデザインした。

1.ベルサ（Berså）〈1960-74年頃〉グスタフスベリを代表する人気のデザイン。テキスタイルやトレイなどのモチーフにもなっている。リンドベリの助手だったクリスター・カールマーク（Krister Karlmark）のデザインであるというのは知る人ぞ知る話。 **2,3,4.アスター（Aster）**〈1971-74〉学名で「美しい花冠」を意味する花、アスターがモチーフ。レッドとブルーがあり、2008年からは復刻版も出ている。 **5.フラーデン（Fladen）**〈1958〉ニシンの形をしたお魚プレート。ブラウン、ホワイト、グレーがある。 **6.パル（Pall）**〈1963〉ピンク色のリンゴが並んだ絵柄がかわいいシリーズ。製造期間は1年なのでかなりレア。 **7.タヒチ（Tahiti）**〈1970-73〉あざやかな発色の花が描かれたデザイン。製造数が少なく、リンドベリの作品のなかでも圧倒的にレアなシリーズ。 **8.ピンタ（Pynta）**〈1962-65〉ピンタはスウェーデン語で装飾の意味。カラフルなフルーツやボトル、アイロンや楽器が描かれている。アイテムにより絵柄が異なる。

〈　〉内は製造期間

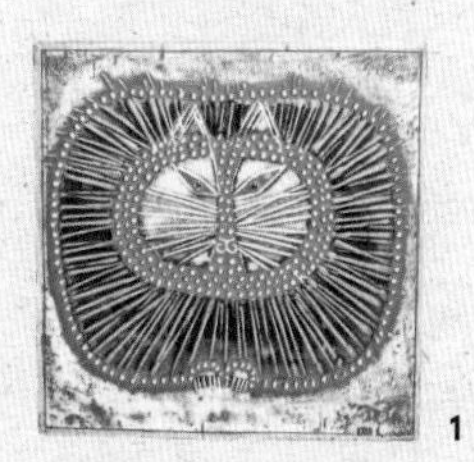

Lisa Larson

リサ・ラーソン

1931-

スウェーデン、スモーランド地方・ハルルンダ生まれ。リンドベリに見出され、1954年、1年間の試用期間を経て、グスタフスベリに入社。その後すぐに頭角をあらわし、1979年に独立後現在まで、どこかあたたかくてユーモラスな数多くの作品を生み出し続けている。人や動物が丸っこくふっくらやわらかい形で表現されているのが特徴的。日本で有名な北欧の猫キャラクター「マイキー」は、グラフィックデザイナーである娘ヨハンナさんとのコラボ作品。

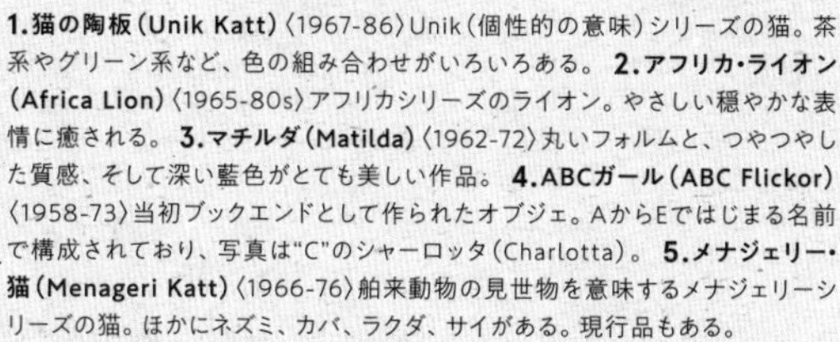

1.猫の陶板(Unik Katt)〈1967-86〉Unik(個性的の意味)シリーズの猫。茶系やグリーン系など、色の組み合わせがいろいろある。 **2.アフリカ・ライオン(Africa Lion)**〈1965-80s〉アフリカシリーズのライオン。やさしい穏やかな表情に癒される。 **3.マチルダ(Matilda)**〈1962-72〉丸いフォルムと、つやつやした質感、そして深い藍色がとても美しい作品。 **4.ABCガール(ABC Flickor)**〈1958-73〉当初ブックエンドとして作られたオブジェ。AからEではじまる名前で構成されており、写真は"C"のシャーロッタ(Charlotta)。 **5.メナジェリー・猫(Menageri Katt)**〈1966-76〉舶来動物の見世物を意味するメナジェリーシリーズの猫。ほかにネズミ、カバ、ラクダ、サイがある。現行品もある。

— その他のデザイナー作品 —

1.クリスマスプレート(Jultallrik)〈1976〉スベン・ヨンソン(Sven Jonson)のロウソクのデザイン。人気が高い商品。 **2.ジャスミン(Jasmine)**〈1970s〉フマルガリータ・ヘニックス(Margareta Hennix)によるデザインで、イエローとピンクもある。 **3.マルグレット(Margret)**〈1968-70〉マルガリータ・ヘニックス(Margareta Hennix)デザインのユーモラスなパターンが楽しげ。 **4.ピューロ(Pyro)**〈1919-55〉ヴィルヘルム・コーゲによるやさしい色合いのデザイン。ピューロとは、ギリシャ語が語源の「火」を意味する言葉。 **5.デリカテス(Delikatess)**〈不明〉カリン・ビョクルイスト(Karin Björquist)の赤い実がかわいいジャムポット。

ノーベル賞授賞式の晩餐会で定番の食器

www.rorstrand.com

Rörstrand

ロールストランド

1726年にスウェーデン王室御用達窯として創業したヨーロッパで2番目に古い歴史を持つブランド。ロールストランドの器「ノーベル」は、ノーベル賞授賞式の晩餐会でも使用されています。2001年にイッタラの傘下となりましたが、その後もロールストランドブランドを存続し、格式高い製品を生み出し続けています。

— デザイナー&陶芸家 —

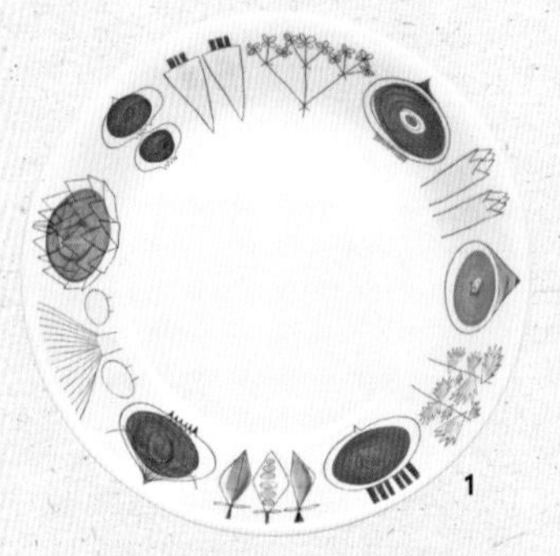

1

2

3

4

Marianne Westman

マリアンヌ・ウェストマン

1928-2017

スウェーデン・ファールン生まれ。芸術家ファミリーのなかで育つ。1950年の入社以降デビュー作のモナミをはじめ数々のヒット作を生み出して同社の黄金時代を築き、「陶磁器の母」との呼称も。植物のモチーフには彼女が育ったファールンの自然が影響しているとされる。1971年の退社後は、ガラス作家、陶芸家として数年働いた後、故郷でテキスタルスタジオを経営する家族とともに働いた。

5

6

1.ピクニック(Picknick)〈1956-69〉カラフルな野菜が転写プリントと絵付け師の彩色によって描かれた、ウキウキするようなシリーズ。2009年より老舗テキスタイルブランドのアルメダールス(P.156)により、キッチンツールなどのパターンにも使用されている。 **2,3,4.木蓋のポット3種**〈不明〉1957年のアロム(Arom)シリーズをはじめ、木蓋が付いたスパイスポット。「Lingon」はコケモモ、「Sylt」はジャムの意味。 **5.レッドトップ(Red Top)**〈1956-67〉細い線で繊細に描かれた格子模様と真紅のコントラストが印象的。カップ&ソーサー、キャセロール、バターケースなど、バリエーションも多い。 **6.モナミ(Mon Amie)**〈1952-87〉フランス語で「私の友達」を意味する代表作。1980年に廃盤になったが、2008年に80歳の誕生日を記念して作られた復刻版もある。

1

2

Sylvia Leuchovius

シルビア・レウショヴィウス

1915-2003

スウェーデン・スモーランド生まれ。20世紀を代表する陶芸家のひとり。心あたたまるユーモラスで、ちょっとひねりのきいたデザインが特徴的。ヨーテボリのデザイン工芸学校で学んだ後、20年以上にわたってロールストランドで活躍。動物や植物モチーフを施したフィギュアや陶板、食器など、根強いファンが多い作品を多数生み出しています。

3

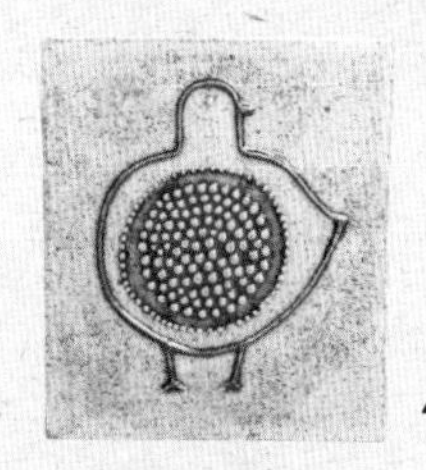
4

1,2.シルビア（Sylvia）〈1976-82〉ロールストランドの創立250周年記念に作られた、スミレの花が上品で清潔感あふれるシリーズ。 **3.鳥の陶板（Konstgodsserie 2-L）**〈1962〉アート作品シリーズのNr4として発表された、ハトのような鳥と丸いモチーフが愛らしい作品。 **4.鳥の陶板（Poem）**〈1969〉ぷくっとした鳥が正面から描かれた陶板。

── そのほかの人気作品 ──

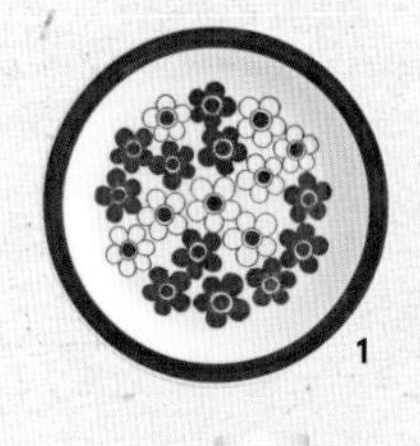
1

2

3

4

5

6

7

8

1.アネモン（Anemon）〈1965-68〉デザイナー不明ながらも、テキスタイルのような絵柄の出方が特徴的で人気の高いシリーズ。 **2.クルンク（Klunk）**〈1970〉クリスティーナ・キャンベル（Christina Campbell）がデザイン。美しいブルーのグラデーションは色の濃淡ではなく、描画のタッチによって表現している。 **3.ワーサ（Wasa）**〈1962-67〉デザイナー不明。色味が清々しく春を感じるシリーズ。 **4.ジッレ（Gille）**〈1960s〉爽やかなブルーベリーがハンドペイントで描かれた、デザイナー不明の人気シリーズ。 **5,6.スージー（Susie）**〈不明〉ハンドペイントで描かれたブルーの葉が爽やか。写真は花器とコンポート皿。 **7.コボルティ（Cobolti）**〈1989-94〉イッタラのガラスデザイナーで有名なオイバ・トイッカ（Oiva Toikka）の、数少ない食器の代表作品。 **8.アマンダ（Amanda）**〈1968-77〉クリスティーナ・キャンベル（Christina Campbell）デザイン。独特の世界観が魅力的。

コレクターも多い“ツウ”のブランド

Upsala Ekeby/ Gefle

ウプサラ・エクビー/ゲフル

1885年に創業。1917年の「より美しい日用品」がテーマとなった展示会が開催されたのを機に多くの有能デザイナーを起用し、たくさんの作品を生み出しました。後に、1910年創業のゲフル（Gefle）を買収、1979年廃窯。独特のシェイプのプレートなども特徴的で、希少なコレクターアイテムが多いブランドです。

デザイナー&陶芸家

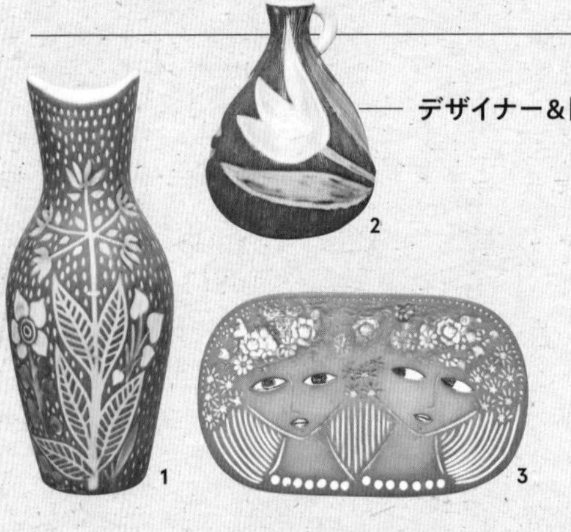

1 2 3

4

Mari Simmulson

マリ・シミュルソン

1911-2000

旧ロシア帝国・サンクトペテルブルク生まれ。エストニアとスウェーデンの陶芸家、画家、テキスタイルアーティストであり、20世紀スウェーデンの著名な陶芸デザイナーのひとり。1944-49年はグスタフスベリで、1949-72年まではウプサラ・エクビーでトップデザイナーとして働いた。

1.チューリップの花器〈1960s〉黄色とピンクのチューリップがデザインされた一輪挿し。 **2.花の花器**〈1960s〉春を感じる花々が描かれて、飾っておくだけでも素敵。 **3.バターケース**〈1965-69〉特徴的な女性の顔が描かれているマリらしい作品。

Arthur Percy

アーチュール・パーシー

1886-1976

スウェーデン・エーランド島生まれ。1923年から1960年の間、ゲフレ、ウプサラ・エクビー、カールスクロナで、数多くのテーブルウェアやアート作品を残した人気デザイナー。ガラスデザイナーとしてグラスクルフ社でも活躍し、コレクターズアイテムとなっている作品もある。

4.リッレモール（Lillemor）〈1951-64〉細かい網目模様の規則正しく並んだ葉っぱがかわいい。黒と赤もある。 **5.ブルー・ヒアシンス（Blå Hyacint）**〈1956-69〉発色の良いコバルトブルーに、白いヒヤシンスが整然と並んだシリーズ。 **6.ヴァリアント（Variant）**〈1960-64〉規則的に並んだ幾何学模様は、細かなラインで描かれている。見方によって見え方が変わるのもおもしろい。

5

6

— その他のデザイナー作品 —

1.ゼブラ(Zebra)〈1955-67〉ユーシェン・トロスト(Eugen Trost)デザイン。シマウマがモデルの手描きのラインとカップとソーサーの一体感がクールな作品。**2.カールスクロナ・ベリス(Karlskrona Bellis)**〈1959-68〉エヴァ・ブラーストール(Eva Bladh-Ståhl)デザインの、お花畑のようにカラフルでかわいらしいシリーズ。**3.アグネッタ(Agneta)**〈1975-79〉ヘルマー・リングストロム(Helmer Ringström)デザインの小花がとてもかわいらしいシリーズ。**4.スター(Star)**〈1963-65〉ヨーラン・アンダーソン(Goran Andersson)デザインの花瓶。和のインテリアにも合いそう。**5.**魚柄に赤い蓋のかわいいポット。詳細不明。

近隣国の北欧ヴィンテージ

フィンランドのアラビア(Arabia)やノルウェーのフィッギオ(Figgio)、デンマークのロイヤルコペンハーゲン(Royal Copenhagen)などの北欧ヴィンテージもアンティークショップやセカンドハンドショップ、蚤の市でたくさん見かけます。本国よりもお買い得な場合もあるので、ぜひチェックしてみてくださいね。

from FINLAND

from DENMARK

from NORWAY

1.アラビアの「リーキンクッコ(Riikinkukko)TVセット」。1960年代にTVが一般的になってきた頃に作られた、ソーサーにおやつをのせられるスタイル。リーキンクッコとは孔雀の意味。ライヤ・ウオシッキネンのデザイン。**2.**アラビアグループ傘下のフィネル社の「タッティ(Tatti)」シリーズのホーロー製ボウル(1960年代後半)。エステリ・トムラのデザインによるいろいろな種類のキノコが細い線で描かれた。**3.**1967年から続くロイヤルコペンハーゲン「イヤーマグ」1969年モデル。アルミニア社の工場で制作されたファイアンス焼きの「バッカ(Baca)」シリーズで、デザインはニルス・トーソン。**4.**フィッギオの「フォークロア(Folklore)」のチュリーン(フタとハネ付きの深い器)。1970年代、チュリ・グラムスタッド・オリバーデザイン。ニシンの酢漬けを入れるもの。**5.**ノルウェーのホーローメーカー、キャサリンホルム(Cathrine Holm)社の「ロータス(Lotus)」のケトル。1960-70年代、ロータス(蓮)の花びらのデザインでアメリカでも大人気となったシリーズ。

klippanyllefabrik.se

スウェーデンが誇る 伝統のテキスタイル

©News Oresund

1879年、スウェーデン南部の小さな町クリッパンで創業。マグヌッソン家による家族経営で140年以上の長い歴史を持つ、スウェーデンで知らない人はいないであろうホームテキスタイルブランド。伝統の技術と、洗練された現代のデザインとをうまく融合させて、人や環境にやさしい製品を生み出しています。メインデザイナー、ベングト&ロッタ（P.36）の動物、植物柄や、ミナ・ペルホネンをはじめとする有名デザイナーとのコラボデザインにも積極的で、常に新しい可能性を広げ続けています。

スウェーデンでベビーカーを見かけると、かなりの割合でクリッパンのコットンブランケットを使用している人が多いことに気づきます。出産祝いにも人気の商品です。

©Stefan Leijon

1. 落ち着いた色合いのウールブランケットと、カラフルなコットンブランケット。 **2.** 我が家で愛用中のブランケット。肌触りも良く、あたたかい。 **3.** クリッパンの町には、新作やアウトレット品が揃うファンにはたまらないショップがある。 **4.** 使う人を選ばない幅広い配色とパターン。

Klippan

クリッパン

finelittleday.com

2007年、ヨーテボリ南部の町で、スウェーデンのアーティストであり写真家でもあるエリーサベット・デュンケル（Elisabeth Dunker）が立ち上げたインテリアブランド。ブログから人気に火がつき、瞬く間に世界中で知られるブランドに成長しました。ポスターやファブリック、キッチン雑貨など、遊び心やストーリー性のある、大人も子どもも楽しめるデザインを生み出し続けています。インスピレーションとなる身のまわりの自然を守るためにも、使用する素材もサステナブルにこだわり、綿製品はすべてオーガニックコットンを使用。『Fine Little Day: 好きなものと楽しく暮らすアイデアとインテリア』誠文堂新光社（2015）を日本で出版。

暮らしをデザインする アイデア

1.代表的な柄「Gran」はモミの木の模様。インテリアに馴染みやすくお気に入り。**2.**耳の上にちょこんと乗った小さな帽子がポイントのウサギのポスター。**3.**とぼけた表情が遊び心満載のクッションカバー。

Fine Little Day

ファイン・リトル・デイ

almedahls.se

レトロでモダンな キッチンアイテム

1846年の設立以来170年以上の歴史を持つスウェーデンのテキスタイルメーカー。スパイスポットやキノコ、植物など、スウェーデン文化を反映したデザインも特徴的です。ミッドセンチュリー※にデザインされたものが多く、レトロな雰囲気も素敵。多くのデザイナーとのコラボによる種類の豊富さも魅力のひとつ。スウェーデンのおみやげとしてもよろこばれます。

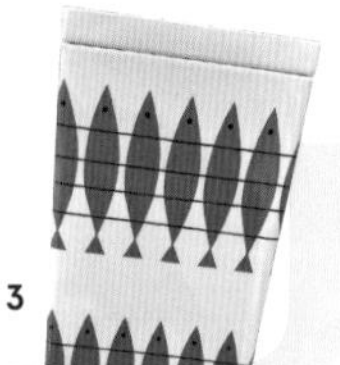

1. リネン55%、コットン45%。大判で使いやすいキッチンクロス。 **2.** ロールストランドのデザイナー、マリアンヌ・ウェストマンのピクニックシリーズ。 **3.** ブリキ缶にデザインされた魚は、スウェーデンでよく食べられるニシン。

Almedhals

アルメダールス

※1940〜1960年代

designhousestockholm.com

ストックホルム発の 時代を超えたデザイン

1992年、アンダーシュ・ファーディグ（Anders Färdig）によりストックホルムに設立。自称「デザインの出版社」という位置づけを確立し、パートナーとなる60名以上のデザイナーや建築家とは、常に編集者と著者のように互いに協力するモノづくりをしています。その環境のなかでアイデアを選りすぐり、デザイン性と実用性を兼ね備えた製品を創り出しています。

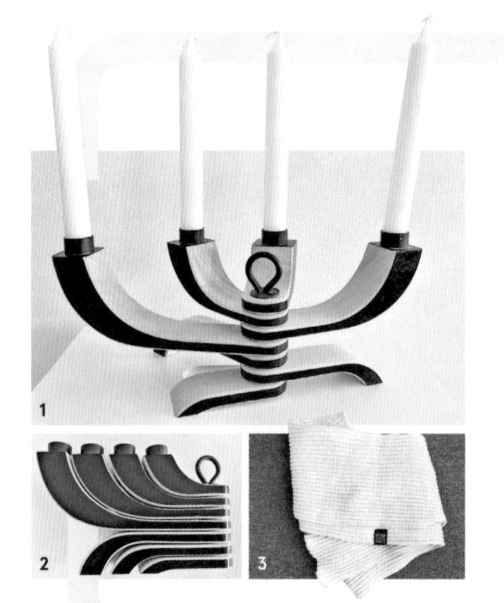

1,2. 使わない時にはコンパクトにたためる機能的デザインのキャンドルホルダー。 **3.** 使う人を選ばないスヌード。NYのMoMAストアでも15年以上のロングセラーアイテム。

Design House Stockholm

デザイン・ハウス・ストックホルム

スウェーデン旅のヒント

Resetips Sverige

日本からスウェーデンへ

2024年5月現在、日本からスウェーデンへの直行便はありませんが、ANAの羽田ーストックホルム直行便が2024年下期就航予定。ストックホルム・アーランダ空港まではヨーロッパの主要都市で乗り継ぎます。私はいつもフィンエアーを利用して、ヘルシンキ経由でストックホルムに行きます。機内グッズや乗り換え時のヘルシンキの空港にあるマリメッコ・ショップを見るのも楽しみのひとつ。

シェンゲン協定加盟国の都市は乗り継ぎ後の入国手続きがスムーズです。

空港からストックホルム市内へ

空港から市内へは、高速鉄道、空港バス、タクシーが便利です。いちばん速いのは、約20分でストックホルム中央駅に到着するアーランダエクスプレス。10～30分間隔で運行しています（片道299Kr）。チケットは、ネット、券売機で購入可能。arlandaexpress.com

空港バス、フリッグブッサーナ（Flygbussarna）は、ストックホルム中央駅隣接のシティ・ターミナル（City Terminalen）まで約45分（片道129Kr）。チケット購入は、ネットや券売機で。ドライバーから直接買うことも可能です。flygbussarna.se

タクシーは空港から中心街まで約30～40分。固定料金で500～600Kr前後を設定したステッカーの貼られたタクシーを選ぶと安心です。以下の会社は事前にネットやスマホアプリで予約が可能でおすすめです。

- **タクシー・ストックホルム**（Taxi Stockholm）taxistockholm.se
- **スヴェリエタクシー**（Sverigetaxi）sverigetaxi.se
- **タクシー・クリー**（Taxi Kurir）taxikurir.se

1. 黄色い車体の高速鉄道アーランダエクスプレス。©Tim Adams **2.** レインボーの模様が目印の空港バス。

注意!

ストックホルム中央駅（Stockholms Centralstation）は電車やアーランダエクスプレスの発着駅で地下鉄のストックホルム中央駅（T-Centralen）に接続。バスが発着するシティ・ターミナル（City Terminalen）は隣です。名前がまぎらわしいのでご注意を。

ストックホルム市内の移動

ストックホルムの公共交通機関は、地下鉄（Tunnelbana）、市バス（Buss）、近郊電車（Pendeltåg）、路面電車（Spårvagn／Lokalbana）、さらに一部のフェリー（Pendelbåt）を含みすべてSL社の管轄で、同じチケットを利用することが可能です。緑のSLカード（20Kr）を駅の窓口またはコンビニなどで購入しチケットをチャージ、またはSLアプリ上でチャージします。シングルチケット（42Kr）は75分間有効で、時間内は乗り放題です。

◎そのほかのおすすめチケット

	料金	おすすめ
24時間チケット	175Kr	1日に5回以上乗る場合
72時間チケット	350Kr	3日間に9回以上乗る場合
7日間チケット	455Kr	7日間に11回以上乗る場合

SLホームページ（英語） sl.se/en/in-english

◎SLアプリ

ルート確認やチケット購入、運行状況確認ができるSLアプリ［SL-Journey planner and tickets］を事前にダウンロード。クレジットカードを登録してチケットを購入し、QRコードを取得する。（アプリ使用にはネット接続が不可欠）

1. 市内バスは、主にブルーとレッドの車体。**2.** 地下鉄の車体もブルーが基調。

公共交通機関やタクシー以外には、Uberも利用可能。アプリをあらかじめダウンロードして利用します。

GoCityのオールインクルーシブ・パス
(All-Inclusive Pass)

たくさんの美術館や観光スポット、ボートツアーなどをまわりたい人におすすめのパス。提携スポットに行きたいところがあるかどうかあらかじめご確認を。1・2・3・5日から日数を選んでスマホに「Go City アプリ」をダウンロードするか確認メールのリンクよりプリントアウトして各施設で見せればOK（公共交通機関のサービスは含まない）。事前予約が必要なところもあり。

	大人	子ども*
1日パス	969Kr	309Kr
2日パス	1309Kr	479Kr
3日パス	1579Kr	589Kr
4日パス	1869Kr	689Kr
5日パス	2029Kr	779Kr

＊子どもは6～15歳

gocity.com/stockholm

アプリ画面。ガイド付きなのも便利。

ストックホルム市内から郊外へ

スウェーデン鉄道（SJ）

ストックホルム郊外へ出かけるときはスウェーデン鉄道、ダーラナ地方へは急行列車インターシティを利用します。チケットは駅でも購入できますが、スマホにダウンロードして使うSJアプリ［SJ-Biljetter och trafikinfo］での事前予約がスムーズでおすすめ。HPもありますが、アプリはそのままデジタルチケットにもなって便利。sj.se

長距離バス

シティ・ターミナルから出ているフリックスバス社（Flixbus）が運行するバス。ゴットランド島へ行くフェリー乗り場までの移動に利用します。
global.flixbus.com

フェリー

ストックホルム近郊の町ニーネスハムンとゴットランド島のヴィスビーを結びます。運航はデスティネーション・ゴットランド（Destination Gotland）。
destinationgotland.se

電圧とプラグ

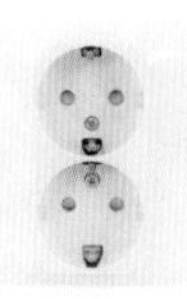

スウェーデンの電圧は220V、周波数は50Hz。日本の電化製品の使用には変圧器が必要ですが、電子機器に付属のACアダプターに「入力（Input）100-240V」と記載があれば不要。プラグは丸2ピンのBまたはCタイプ。

変圧器不要の場合も、Cタイプの変換プラグは必要。

水

スウェーデンのほとんどの場所で水道の蛇口をひねればおいしい水を飲むことができます。スーパーなどでミネラルウォーターの購入も可能。そのほとんどが炭酸入り「Kolsyrat Vatten」なので、普通の水がよい場合には、「Stilla Vatten」を選びましょう。レストランでも、水を頼むと炭酸入りか無しかを聞かれます。

トイレ事情

公衆トイレは少ないので、カフェやレストラン、デパート、施設などを利用するのがおすすめです。有料の場合が多く、お店に暗証番号をもらってから入ることもあります。女性用は「Dam」、男性用は「Herr」、男女共用のトイレも増えています。

現金とクレジットカード

スウェーデンはＥＵ加盟国ですが、流通通貨はスウェーデンクローナ（Kr)、略号はセック（SEK）です。キャッシュレス化がかなり進んでいて、現金を使う機会は非常に少ないです。「kontantfri」と書かれた現金不可の場所も多いので、必ずクレジットカードを数枚用意しておきましょう。クレジットカードは少額から利用可能。VISAやMastercardがおすすめ（Amex、JCBカードは使えない場合が多い）。

蚤の市では現金が必要になることが多いです。あらかじめ日本である程度両替をしておくか、キャッシング可能なカードで必要な時に必要なだけ引き出すのが便利。「Bankomat」、「Uttag」などのATMは銀行やスーパーマーケットの店内やすぐ隣など、街のいたるところに設置されています。

駅やスーパーの横などで見かけるATM。

気候と服装

街歩きに最高の季節は、日照時間が長くさわやかな6～8月。日中は20～25℃と過ごしやすいですが、日射しが強いので、日焼け止めとサングラスがあると良いです。朝晩は冷え込むこともあるので、薄手のジャケットも準備しておきましょう。前後の5月と9月は15℃程度の肌寒い日が多いので、薄手の防寒着が必要。

クリスマスの雰囲気が味わえる12月もおすすめの時期。日照時間がとても短く気温は0℃前後と低い日が多いですが、屋内はあたたかいので、服は厚手でなくても大丈夫。ダウンジャケットなど防寒性の高いアウターと、アウターの下に着脱しやすい、フリースやカーディガンなどの防寒着があると良いです。帽子やスカーフ、マフラー、手袋などもしっかり準備しておきましょう。

同様に1～4月、10～11月も気温が0～10℃と低いので、冬仕様の服を。ただ、乾燥しているためか数字よりは体感温度が高めなので、想像よりあたたかく感じるかもしれません。乾燥に備え、普段から使っている保湿剤なども持参しておくと安心です。

治安

比較的治安が良いと言われていますが、駅や観光地、人混みでは観光客を狙った置き引きやスリなどが多く発生しています。貴重品の管理に気を付けましょう。人通りの少ない場所や公園などの夜の一人歩きは避けた方がよいです。

警察/消防/救急　112

在スウェーデン日本国大使館
（Embassy of Japan）
Gärdesgatan 10
TEL：08 5793 5300
www.se.emb-japan.go.jp
9:30～12:00、14:00～16:00
（水曜17:00）、土・日曜休

情報収集に便利なサイト

スウェーデン総合	visitsweden.com
ストックホルム	visitstockholm.se
ゴットランド島	gotland.com
ダーラナ地方	visitdalarna.se

スウェーデンの祝祭日

1/1	元日
1/6	顕現日
3/29	聖金曜日※
3/31	イースター※
4/1	イースターマンデー※
5/1	メーデー
5/9	昇天祭※
5/19	聖霊降臨祭※
6/6	ナショナルホリデー
6/21	夏至祭イブ※
6/22	夏至祭※
11/2	諸聖人の日※
12/24	クリスマスイブ
12/25	クリスマス
12/26	ボクシングデー
12/31	大晦日

※移動祝祭日:年によって日付が異なる（※は2024年のもの）

知っておくと安心な スウェーデン語

ありがとう	**Tack** タック
すみません	**Ursäkta** ウシェクタ
いくらですか？	**Vad kostar det?** ヴァ コスタ デ？
蚤の市	**Loppis** ロッピス
営業中/閉店	**Öppet/Stängt** オペット/ステングド
トイレ	**Toalett** トアレット
入り口/出口	**Ingång /Utgång** インゴング/ウートゴング
バスターミナル	**Busshållplats** ブスホールプラッツ
地下鉄	**Tunnelbana** トゥンネルバーナ
切符売り場	**Biljettlucka** ビリエットルッカ

Tのマークが地下鉄のマーク。

Index

Stockholm ストックホルム

➪ 見る・楽しむ

➪ 買う

➪ 食べる、飲む

Utanför Stockholm ストックホルム近郊

Gotland ゴットランド島

Dalarna ダーラナ地方

おわりに

2022年の初版発売後、本を持ってスウェーデンに来てくださった多くの方たちの存在を知りました。いつかまたお役に立てるような最新版を作りたい！と夢のように考えていました。そして想像よりもはるかに早い1年半後、そんな夢を実現するお話をいただき、こうしてまたみなさんに手に取っていただける機会を持てたことに心から感謝しています。

最新版を作るにあたり、私が伝えたいスウェーデンの魅力に改めて思いをめぐらせました。当初さほど興味のなかったスウェーデンに移住して15年以上がたちますが、今もなお、目に映る美しい街並み、自然が作り出す景色や空の色に感動します。そして、自然体で無理がなく、「今、この瞬間」を大切にして愉しむことを忘れない人々の暮らしぶりや人生への向き合い方からは、たくさんの気づきと学びを得ています。

みなさまにとってこの本が、スウェーデンという国を知り、ただの観光以上になにか新しい気づきを得るきっかけとなればうれしいです。日本とスウェーデンの違いを発見する過程で、スウェーデンならではの良さと同じくらいに日本の良さを再認識するような、そんな旅になったら素敵だなと思います。

2024年はついに、羽田からストックホルムへの直行便が就航する記念すべき年。スウェーデンをもっともっと身近に感じていただけますように。

最後に、今回もすばらしい機会を与えてくださったイカロス出版のみなさま、素敵に仕上げてくださった編集の西村さんとデザイナーの千葉さん、応援してくれた友人たち、協力してくれた家族に心より感謝いたします。本当にありがとうございました。

ストックホルムより愛をこめて
2024年5月　田中 桜

Kaffegillet
1252
2B
SHOP
TAX
FREE
SALE
KAFFE
SPECIAL

旅のヒントBOOK

新たな旅のきっかけがきっと見つかるトラベルガイドシリーズ　各A5判

癒しのビーチと古都散歩
ダナン&ホイアンへ
定価1,650円(税込)

太陽とエーゲ海に惹かれて
きらめきの国 ギリシャへ
定価1,870円(税込)

デザインあふれる森の国
フィンランドへ 最新版
定価1,870円(税込)

最新版
ニュージーランドへ
大自然&街をとことん遊びつくす
定価1,870円(税込)

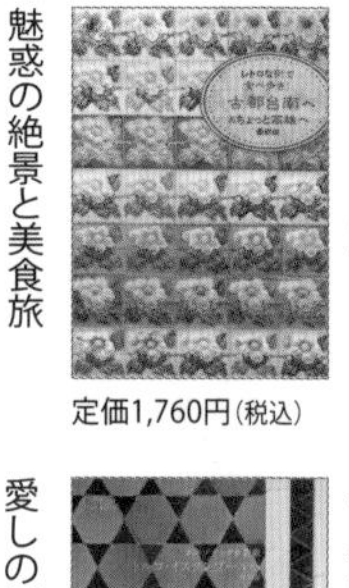

レトロな街で食べ歩き!
古都台南へ&ちょっと高雄へ 最新版
定価1,760円(税込)

魅惑の絶景と美食旅
ナポリとアマルフィ海岸周辺へ
定価1,760円(税込)

極上クラフトビールの旅
BEER HAWAI'I ハワイの島々へ
定価1,760円(税込)

美食の街を訪ねて スペイン&フランス
バスク旅へ 最新版
定価1,980円(税込)

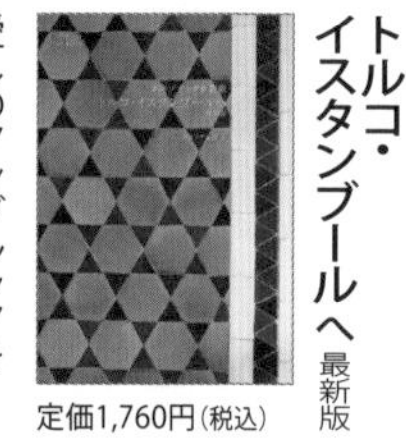
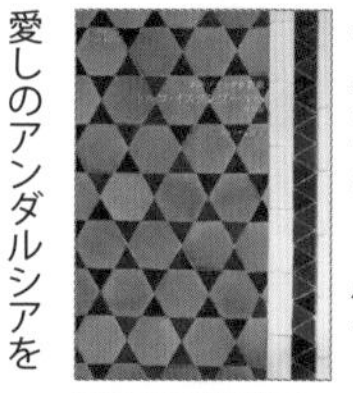

エキゾチックが素敵
トルコ・イスタンブールへ 最新版
定価1,760円(税込)

愛しのアンダルシアを旅して
南スペインへ
定価1,870円(税込)

南フランスの休日
プロヴァンスへ 最新版
定価1,980円(税込)

素敵でおいしい
メルボルン&野生の島タスマニアへ
定価1,980円(税込)

心おどるバルセロナへ 最新版
定価1,760円(税込)

かわいいに出会える旅
オランダへ 最新版
定価1,760円(税込)

ダイナミックな自然とレトロかわいい町
ハワイ島へ
定価1,980円(税込)

太陽と海とグルメの島
シチリアへ 最新版
定価1,870円(税込)

アドリア海の素敵な街めぐり
クロアチアへ
定価1,760円(税込)

甘くて、苦くて、深い
素顔のローマへ 最新版
定価1,760円(税込)

ロシアに週末トリップ!
海辺の街 ウラジオストクへ
定価1,650円(税込)

絶景とファンタジーの島
アイルランドへ
定価1,870円(税込)

美食の古都散歩
フランス・リヨンへ
定価1,760円(税込)

遊んで、食べて、癒されて
タイ・プーケットへ
定価1,650円(税込)

芸術とカフェの街
オーストリア・ウィーンへ
定価1,760円(税込)

食と雑貨をめぐる旅
悠久の都ハノイへ 最新版
定価1,870円(税込)

※定価はすべて税込価格です。(2024年6月現在)

緑あふれる自由都市
ポートランドへ 最新版
定価1,760円（税込）

夢見る美しき古都
ハンガリー・ブダペストへ 最新版
定価1,760円（税込）

新しいチェコ・古いチェコ
愛しのプラハへ 最新版
定価1,760円（税込）

ゆったり流れる旅時間
ラオスへ
定価1,760円（税込）

彩りの街をめぐる旅
モロッコへ 最新版
定価1,870円（税込）

ヨーロッパ最大の自由都市
ベルリンへ 最新版
定価1,760円（税込）

おとぎの国をめぐる旅
バルト三国へ
定価1,760円（税込）

大自然とカラフルな街
アイスランドへ 最新版
定価1,760円（税込）

グリーンシティで癒しの休日
バンクーバーへ
定価1,760円（税込）

NYのクリエイティブ地区
ブルックリンへ
定価1,760円（税込）

キラキラかわいい街
バンコクへ
定価1,760円（税込）

カラフルなプラナカンの街
ペナン&マラッカへ
定価1,760円（税込）

美しいフィレンツェとトスカーナの小さな街へ
定価1,760円（税込）

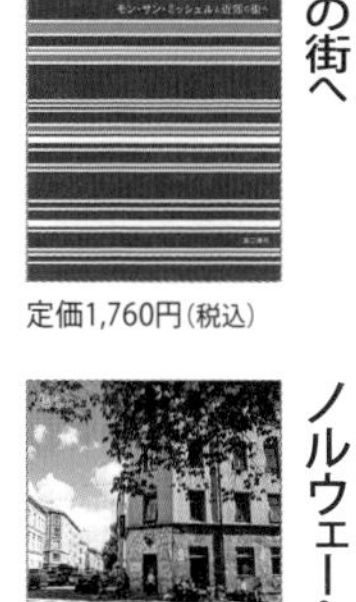
神秘の島に魅せられて
モン・サン・ミッシェルと近郊の街へ
定価1,760円（税込）

中世の街と小さな村めぐり
ポーランドへ 最新版
定価1,760円（税込）

北タイごはんと古都あるき
チェンマイへ
定価1,650円（税込）

森とコーヒー薫る街歩き
ノルウェーへ
定価1,760円（税込）

五感でたのしむ！
輝きの島スリランカへ
定価1,760円（税込）

旅のごはんBOOK　各B5変型判

ボストンから、
ニューイングランド地方の旬ごはん
定価1,870円（税込）

うちで作れる
やさしいトルコごはん
定価1,870円（税込）

ベトナムのまちごはん
バインミー
はさんでおいしいレシピ53
定価1,870円（税込）

しあわせハワイごはん
ALOHAを味わうローカルレシピ64
定価1,870円（税込）

ギリシャのごはん
増補新装版
うちで楽しむ、とっておきレシピ74
定価1,870円（税込）

はじめてのアラブごはん
手軽に作れるエキゾチックレシピ62
定価1,760円（税込）

田中 桜

Sakura Tanaka

岐阜県出身。米国の大学卒業後、外資系IT企業でEC事業の戦略企画、一部上場企業の役員秘書などを経て2008年、夫の転勤を機に渡瑞。数年で帰国の予定が、スウェーデンにすっかり魅せられそのまま移住。現在一男一女の母。北欧ヴィンテージ雑貨のネットショップ「Hokuo Design Stockholm」を運営中。YouTube「@sakta-sweden」、Instagram「@hokuo_design_stockholm」などでスウェーデンの魅力も発信している。

文・写真　田中 桜
デザイン　千葉佳子（kasi）
マップ　ZOUKOUBOU
編集　西村 薫（最新版）
　　　坂田藍子（初版）

旅のヒントBOOK
SNSをチェック！

※海外への旅行・生活は自己責任で行うべきものであり、本書に掲載された情報を利用した結果、何らかのトラブルが生じたとしても、著者および出版社は一切の責任を負いません。

最新版 スウェーデンへ
―― ストックホルムと小さな街散歩

2024年 7月5日 初版第１刷発行

著者　田中 桜
発行者　山手章弘
発行所　イカロス出版株式会社
〒101-0051
東京都千代田区神田神保町1-105
contact@ikaros.co.jp（内容に関するお問合せ）
sales@ikaros.co.jp（乱丁・落丁、書店・取次様からのお問合せ）

印刷・製本所　日経印刷株式会社

Printed in Japan　ISBN978-4-8022-1443-8